南京财经大学
粮食安全与战略研究中心

U0619364

中国粮食发展报告

2016

曹宝明 主 编
李光泗 李 丰 副主编

——中国的粮食政策

FOOD DEVELOPMENT REPORT OF
CHINA 2016

经济管理出版社
ECONOMY & MANAGEMENT PUBLISHING HOUSE

图书在版编目（CIP）数据

中国粮食发展报告·2016：中国的粮食政策/曹宝明主编 . —北京：经济管理出版社，2017.3
ISBN 978 - 7 - 5096 - 5089 - 9

Ⅰ.①中…　Ⅱ.①曹…　Ⅲ.①粮食安全—研究报告—中国　Ⅳ.①F326.11

中国版本图书馆 CIP 数据核字（2017）第 072614 号

组稿编辑：陆雅丽
责任编辑：陆雅丽
责任印制：黄章平
责任校对：超　凡

出版发行：经济管理出版社
　　　　　（北京市海淀区北蜂窝 8 号中雅大厦 A 座 11 层　　100038）
网　　址：www. E - mp. com. cn
电　　话：（010）51915602
印　　刷：北京玺诚印务有限公司
经　　销：新华书店
开　　本：787mm×1092mm/16
印　　张：11.5
字　　数：223 千字
版　　次：2017 年 3 月第 1 版　2017 年 3 月第 1 次印刷
书　　号：ISBN 978 - 7 - 5096 - 5089 - 9
定　　价：68.00 元

本报告获

    粮食公益性行业科研专项（201513004）

    国家社会科学基金项目（14BJY221）

    国家自然科学基金项目（71373116）

    现代粮食流通与安全协同创新中心

    江苏高校优势学科

    江苏省重点学科

资助

编著人员

主　　编：

　　曹宝明

副 主 编：

　　李光泗　　李　丰

编著人员：

　　蔡　荣　易小兰　赵　霞　王舒娟　郭晓东　李　宁

　　徐建玲　武舜臣　顾智鹏　吴闻潭　胡　舟

内容提要

　　粮食安全是关系国计民生的全局性重大战略性问题，粮食政策是确保国家粮食安全的重要手段。长期以来，中国政府积极构建、完善和实施粮食政策体系，促进了粮食生产的稳定增长、粮食流通体系的日益完善和粮食消费需求的持续保障。本书基于政府管制逐渐放松和市场化改革不断推进的视角，在回顾总结的基础上，对我国的粮食政策进行了全景式分析，以期相关领域的专家、学者就我国粮食政策的进一步完善进行更为深入的研究。

　　第一章是中国粮食政策概述。分析了粮食政策的基本内涵、中国粮食政策演进的基本逻辑、中国粮食政策的演进历程、中国粮食政策的目标与手段以及中国粮食政策面临的挑战。粮食政策是政府基于特定的经济、社会和政治目标，围绕粮食生产者、粮食流通业者、粮食消费者的不同利益诉求，运用法律、经济、规划、计划等手段，在粮食的生产、流通和消费领域所做的规则选择和制度安排。因此，按照粮食经济活动的生产和再生产过程，可将粮食政策划分为粮食生产政策、粮食流通政策和粮食消费政策。我国粮食政策的演变是随着政府管制强度和管制对象的不断调整而不断变化发展的。政府管制强度的调整与管制对象的调整是相辅相成的，政府管制的强弱要通过对包括粮食生产、流通、消费等不同粮食管制对象的具体管制政策表现出来。一方面，同一时期，政府在不同领域的管制政策是不同的，管制的重点也各不相同；另一方面，不同管制对象在不同阶段的粮食管制政策也不尽相同。

　　第二章是中国的粮食生产政策。首先归纳了我国粮食生产政策的主要架构，粮食生产支持政策逐渐由原来单一的具体补贴形式转变为综合的粮食生产支持政策体系，即以综合性收入补贴为主，辅助专项生产性补贴，外加粮食最低收购保护价、农业税减免相结合的综合补贴政策体系。其次指出了现行的粮食生产支持政策体系在粮食生产支持政策本身、粮食主产区生产激励问题以及粮农生产激励问题等方面存在的主要问题。最后指出了我国粮食生产政策体系的改进措施，根据对我国经济发展形势的基本判断，保障粮食安全、增强农业综合生产能力应是我国粮食生产政策在短期的主要目标；提高农业收入、缩小城乡居民收入差距应是我国粮食生产政策在中期的主要目标；而实现农业、农村经济的可持续发展则是我国粮食生产政策在长期发展中必须坚持的主要目标。

第三章是中国的粮食价格政策。基于我国粮食价格政策演变历程以及粮食价格变动基本情况，重点分析我国粮食价格波动的主要影响因素以及粮食价格调控存在的主要问题，指出我国粮食价格支持政策改革应进一步完善小麦、水稻等口粮品种的价格支持方面，逐步推进粮食价格形成机制与政府补贴脱钩，推进粮食价格支持政策向直接补贴政策转型，重构以市场导向为基础的种粮农民利益保护机制，探索粮食价补分离，创新粮食市场调控机制，保障种粮农民积极性并确保国家粮食安全。

第四章是中国的粮食流通政策。首先，系统阐述了我国粮食流通体制渐进改革历程，回顾了粮食统购统销体制形成经过，归纳了粮食流通体制演变过程、内在动因及存在的问题，进而分析了当前粮食流通体制运行机制；其次，归纳了粮食产业发展政策，重点分析了国有粮食企业改革政策、粮食流通基础设施建设政策、粮油加工业发展政策、粮食科技政策等；最后，分析了粮食市场调控政策体系，系统分析了我国粮食市场调控体系及粮食市场调控政策的运行机制，分析了市场化条件下中国粮食宏观调控体系发展情况。

第五章是中国的粮食国际贸易政策。面对保障国家粮食安全的现实诉求与 WTO 扩大国内粮食市场开放程度要求相背离的挑战，我国粮食进出口贸易政策相应作出调整。包括：一是市场准入政策。我国粮食呈现进口总额和规模不断攀升，但进口品种结构不平衡、进口地区相对集中的趋势，主要依赖于粮食进口关税政策以及进口关税配额、特许经营、食品卫生检疫、生物技术安全政策等非关税壁垒政策规范。二是粮食出口竞争政策。我国粮食出口规模持续缩小、出口加工程度普遍偏低、出口地区也相对集中，相应的调节政策主要有出口直接补贴政策以及出口信贷、出口退税、粮食援助等间接补贴政策。三是国内支持政策。根据《农业协定》，从绿箱、黄箱以及蓝箱政策三个方面梳理国内"有利于农业生产者"政策。

第六章是中国的粮食储备政策。粮食储备政策随着粮食生产和经济社会的发展而不断演变。粮食自由购销时期，粮食储备萌芽；统购统销时期，粮食储备以备战备荒为主要目的。改革开放后，农业、农村推行了一系列改革措施，为粮食储备政策的改革奠定了坚实的基础。1990 年，国家专项粮食储备建立，粮食储备拓展为国家专项储备、战略储备、周转储备；并且，地方粮食储备初步建立。2000 年，中储粮总公司成立，从而开始了以中央储备粮垂直管理为核心的粮食储备政策。各个阶段的粮食储备政策都是为了解决上期遗留或当期存在的现实问题，顺应了时代发展要求，对于保障粮食安全、维护粮食市场稳定起到重要作用，但是需要注意的是，各期的粮食储备政策仍然具有特定的局限性。

目　录

第一章　中国粮食政策概述

第一节　粮食政策的基本内涵

农业是国民经济的基础，粮食是基础的基础。"民以食为天，食以粮为源"，粮食问题自古以来一直就是我国历朝历代治国安邦的首要问题，在当今社会，粮食问题也始终是世界各国极为关注的经济、社会和政治问题。2016 年，我国粮食总产和粮食单产分别达到了 12428 亿斤和 365.5 公斤，分别比 2014 年增长了 2.35% 和 1.81%，创历史新高，实现了历史性的"十二连增"。毫无疑问，我国粮食产量多年来的稳定增长离不开相关政策的有效实施。

长期以来，政府针对我国的国情制定了一系列粮食政策，这些不断发展和完善的粮食政策对稳定我国粮食生产、保障我国粮食安全以及提高农民收入起到了至关重要的作用。作为农业政策的核心部分，粮食政策的制定以及实施，都会对粮食的生产、流通乃至消费产生巨大影响。

粮食政策是政府基于特定的经济、社会和政治目标，围绕粮食生产者、粮食流通业者、粮食消费者的不同利益诉求，运用法律、经济、规划、计划等手段，在粮食的生产、流通和消费领域所做的规则选择和制度安排。因此，按照粮食经济活动的生产和再生产过程，可将粮食政策划分为粮食生产政策、粮食流通政策和粮食消费政策。

从广义上看，粮食政策既包括国家和地方制定的粮食法律和法规，也包括政府制定的粮食条例和行政规章，还包括政府颁布的粮食规划、计划以及针对特定事项的专项政策。从狭义上看，粮食政策只包括政府颁布的粮食规划、计划以及针对特定事项的专项政策。

从政策强度看，粮食政策可以分为三种类型：一是强制性政策，例如计划经济时期的粮食统购统销政策；二是交换性政策，例如以财政补贴为支撑的粮食收购政策；三是引导性政策，例如粮食产业发展引导资金政策等。在计划经济时期，强制性政策是粮食政策的主流；而在市场经济时期，粮食政策主要由交换性政策和引导性政策构成。

第二节　中国粮食政策演进的基本逻辑

在我国，粮食政策的选择与演变始终是与经济体制的安排相适应的。政府决策层的价值观对粮食政策的变迁起了决定性作用（赵德余，2010）。不同时期，政府针对不同的粮食政策目标采取不同的粮食管制措施，从而形成了一整套涉及粮食生产、分配、流通以及消费各个领域的粮食政策。总体而言，我国粮食政策的演变是随着政府粮食管制强度的调整而不断变化的，粮食管制强度的大小体现在政府针对不同管制对象所制定的具体粮食政策上。

一方面，我国粮食政策的演变是随着政府管制强度的调整而不断变化的。新中国成立初期，由于民国时期旧的经济体制已经被打破，新的经济体制尚未建成，政府对粮食的管制较少，基本只体现在运用国有粮食储备来调节市场粮食供需，相应的粮食政策也只体现在加强国有粮食机构企业的建设上。1953 年之后，我国开始了社会主义工业化建设，实行社会主义计划经济体制。相应地，粮食管制由新中国成立初期的基本无管制状态转变为加强管制，我国实行了“统购统销”政策，对粮食流通、消费等环节加强管制。1978 年党的十一届三中全会决定实施改革开放战略，社会主义计划经济体制开始松动。相应地，农村经济体制改革开始进行，农村实行了家庭联产承包责任制，逐渐改变了计划经济时期的“统购统销”政策，开始实施“价格双轨制”，逐渐放松了对粮食市场的管制。随着改革开放的逐渐深化，政府不断放开对粮食产业的管制。总之，我国粮食政策的选择与演变始终是与既定时期的经济体制安排相适应的，是随着政府管制强度的调整而不断变化的。

另一方面，我国粮食政策的演变是随着管制对象的不断调整而变化的。这里所指的管制对象是指粮食产业所涉及的包括生产、流通和消费三个领域。政府对粮食的生产、流通以及消费三大领域的管制在不同时期有不同的内容。对粮食生产的管制，在计划经济时期体现为对粮食生产的直接命令式干预，在市场经济时期反映为运用最低收购价等经济手段来影响农民生产粮食作物的预期收益，从而有意识地引导农民的种植行为。因此，1953 年之前，政府鼓励恢复和发展粮食生产，对粮食生产领域的管制基本没有。计划经济时期，政府在粮食生产领域的管制最为严厉，直接以行政命令规定农村集体的粮食产量。改革开放之后，农村实行家庭联产承包责任制，大大刺激了种粮农民的积极性。政府采取最低收购价以及直接补贴等政策来影响农民种粮的预期收益和实际成本，在放松管制的过程中大大促进了粮食产量的增长；对流通领域的管制包括对农村市场原粮的收购、城市市场成品粮的销售以及对从事粮食商品交易的市场主体的准入及经营行为等进行一系列的限制；对消费领域的管制主要是指粮食消费的分配制度以及补贴制度。在计划经济时期主要体现为对城市居民实行计划供应，对城市职工发放补贴等。在市场经济条件下，表现为对低收入人群的粮食补贴和救助。

总之，我国粮食政策的演变是随着政府管制强度和管制对象的不断调整而变化发展的。政府管制强度的调整与管制对象的调整是相辅相成的，政府管制的强弱要通过对包括粮食生产、流通、消费等不同粮食管制对象的具体管制政策表现出来。一方面，同一时期，政府在不同领域的管制政策是不同的，管制的重点也各不相同；另一方面，不同管制对象在不同阶段的粮食管制政策也不尽相同。

第三节 中国粮食政策的演进历程

不同阶段粮食管制强度的大小体现在政府针对不同管制对象所制定的具体粮食政策上。按照政府粮食管制的强弱可以将新中国成立以来我国的粮食经济政策划分为四个阶段，分别是 1949～1952 年的基本无管制时期、1953～1957 年的加强管制时期、1958～1978 年的全面管制时期以及 1979 年至今的放松管制时期。

一、1949～1952 年的基本无管制时期

新中国成立初期，我国面临着复杂的国际与国内环境。一方面，西方资本主义国家对新生的红色政权实行政治和经济上的双重封锁；另一方面，经历了长期的战争，我国的经济基础以及人民生活都遭到了严重破坏。此时，为了巩固政权，恢复与发展经济、保障人民基本的生活需要成为政府首先必须关心的问题。其中，粮食作为与人们生活密切相关的一种特殊商品，在此时显得尤为重要。这一时期，由于民国时期旧的经济体制已经被打

破，但是新的经济体制尚未建成，政府的粮食政策依然处于混乱状态，对粮食的管制很少，主要是一些促进粮食生产、保障粮食流通的经济政策，目的在于稳定市场粮价，保证城市居民的粮食消费需求，为恢复和发展经济奠定基础，从而巩固新生政权。

在生产方面，政府一方面在全国范围内有步骤地实行土地改革，开展农业互助合作运动，通过大规模地兴修水利来保障农业生产的有效进行；另一方面，为适当减轻农民的公粮负担，进一步提高农民种粮的积极性，政府提高了粮食收购价格。在流通方面，政府实行的是自由购销的粮食政策。政府在对私营粮食商业实行利用、限制和改造政策，使其成为符合社会主义经济成分的同时，大力支持和发展国营粮食商业，不断加强国营粮食商业的市场主导作用。这一期间，政府还建立了一整套粮食管理组织体系。1952 年，在中国粮食公司和粮食管理总局两个部门的基础上合并成立了国家粮食部。同时，政府也十分重视粮食储备，形成了国家总储备粮。在消费方面，政府积极运用粮食储备在粮食供应紧张时，向市场投放粮源以确保城市居民的粮食消费。

总之，这一时期政府对粮食的管制较少，主要是出于刺激粮食生产和保障粮食流通的目的。政府主要从刺激农民多生产以及保障农业生产两个方面着手，实现其增加粮食产量的政策目标；从加强国有粮食企业建设以及粮食管理组织体系建设两个方面来保障粮食流通的顺利有效进行，实现其保障粮食流通的政策目标。政府在调控上主要采用的是经济手段，主要通过发挥国家牌价对市场价格的引导作用，运用价值规律调节供求，而较少采用行政命令直接调节。政府通过加强市场管理、培育国有粮食企业、适时吞吐调节等措施，较好地保证了粮食市场价格的稳定。这一时期粮食流通市场的组织结构呈现出多元化特点，粮食流通体系的运行保持了较高的效率，有力地稳定了粮食价格，确保了军供民需，为国民经济的恢复和发展创造了有利条件。

二、1953～1957 年的加强管制时期

从 1953 年开始，我国开始了大规模的社会主义建设，在经济领域实行计划经济体制。农业部门作为国民经济的基础，要为工业发展提供原材料、劳动力以及资金。为了保证社会主义建设的有效进行，政府采取了"优先发展重工业"的战略。粮食产业作为农业部门的重要组成部分，毫无疑问地充当了计划经济体制的"排头兵"，政府率先在粮食部门实行了"统购统销"政策，加强了对涉及国计民生的战略商品——粮食的管制。

在生产方面，政府将粮食的计划收购价格定为当时的现行收购牌价，统购价格与市场价格基本接近，并在此期间一直比较稳定。释放这样稳定的粮食收购价格信号，让农民获得稳定收入的预期，有利于稳定粮食生产。在流通方面，实行计划收购和计划供应政策

（"统购统销"政策），即将前一时期粮食的自由贸易改由国家垄断，严格控制粮食市场。与此同时，实行中央统一管理，中央和地方分工负责的粮食管理体制。为了给社会主义建设积累资金，政府允许一部分的粮食用于出口来赚取外汇，支持工业化建设。在消费方面，对城市人民和农村缺粮农民实行粮食的计划供应，计划销售价格为当时的现行零售牌价，并在之后的五年中保持基本稳定。可见，同自由购买相比较，粮食统销政策在一定程度上限制了粮食消费。

总之，与前一时期相比，政府从粮食的生产、流通以及消费三个领域同时加强了对粮食的管制。根本原因在于我国采取了高度垄断的计划经济体制安排，所以粮食政策的制定也必须在宏观经济政策的框架之内进行，具体体现在"统购统销"政策上，将粮食的自由贸易改为国家垄断经营，并在粮食消费上采用了配给制度。这样的制度安排，在当时是符合我国国情的。第一个五年计划时期，"统购统销"政策得到了很好的贯彻实施，国家经济建设得到迅速发展，工农业生产不断增加，粮食产量年年增加。

三、1958～1978 年的全面管制时期

这一时期，以 1958 年"大跃进"运动和人民公社化运动的开展为起点，中间经历了三年自然灾害时期以及"十年文革"的动乱时期，以 1978 年党的十一届三中全会的召开为终点，政府全面加强了对粮食部门的管制。主要原因是农村经济建设上的重大路线错误大大挫伤了农民种粮的积极性，粮食大幅度减产，国家粮食库存急剧下降，粮源紧张。而粮食作为人们的生活必需品，粮食市场的稳定关系到整个社会的安定，政府采取了一系列措施来促进粮食生产，保障粮食安全。

在生产方面，政府从 1958 年到 1966 年先后 5 次提高粮食收购价格，不断提高农民的种粮积极性。1965 年，政府实行"固定征购基数，超购加价"政策，对统购粮食实行加价奖励以及奖售工业品，以此鼓励粮食生产。在流通方面，继续实施"统购统销"政策。1965 年，为了减轻农民的负担，实行了粮食征购"一定三年"，之后的三年里实际上仍按这一办法进行。1971 年，政府根据实际情况对该政策进行了一定的调整，之后改为"一定五年"。在粮食管理体制上经历了中央和地方从分权到集权的过程。为扩大地方权力，1958 年，政府将原来由中央集中统一管理的办法改为"分级包干、差额调拨"方法。但是，由于"大跃进"和人民公社运动带来的负面影响，新的管理体制无法实施，不得不再一次加强中央统一调度的权力。1962 年，实行全国粮食的征购、销售、调拨由中央统一安排，实行分级管理办法。1972 年，再次变为"统一征购、统一销售、统一调拨、统一库存"的高度集中的"四统一"粮食管理体制。1962 年，尽管政府曾一度放开了农村集市，

但到了"文化大革命"时期，粮食集市贸易依然受到了多方限制、批判，乃至取消。在此期间，政府为了保障粮食供给，加强了国内粮食的调拨，并适当削减粮食出口，开始了部分粮食进口。与此同时，建立起了一定规模的国家和社会的粮食储备。在消费方面，一方面，在粮食分配上取消了供给制的部分规定，实行口粮分配到户，并降低了城市人口的口粮标准。另一方面，逐步提高了粮食销售价格。1963 年，首先将农村粮食销价以及城市工商行业用粮销价提高到与购价持平，1965 年和 1966 年两次继续提高城镇粮食销价，但同时也对城市职工实行粮食补贴政策。

总之，在继续实行"统购统销"政策的同时，政府进一步加强了对三个领域的管制。在生产领域，政府不断地提高粮食收购价格来刺激农民种植粮食的积极性，而这一价格在前期基本保持不变。除此之外，政府还采取了一些奖励措施来鼓励农民多生产粮食，多出售粮食给国营企业。在流通领域，尽管由于前期粮食生产的稳定发展导致了政府有意改变中央高度集中统一的粮食管理体制，但是发生的一系列新的问题导致了分权政策没有得到有效执行，中央政府对粮食的管制达到了前所未有的高度，采取了"四统一"的高度集中的粮食管理体制。在消费领域，政府在不断提高统销价格的同时，甚至降低了城市人口的口粮标准。这一期间的粮食政策在保证中国经济社会在动荡时期平稳前行的同时，也产生了许多问题，形成了我国高度计划和高度垄断的粮食流通体制。在这种体制下形成的粮食流通组织——国有粮食企业，既是制订与执行粮食计划的政府行政部门，又是从事粮食流通活动的市场主体。这种政企合一的特殊组织形式也成为了后期粮食市场化改革的重点和难点问题。

四、1979 年至今的放松管制时期

1978 年 12 月，党的十一届三中全会的胜利召开拉开了我国经济体制改革的序幕，作为我国农业经济体制中核心部分的粮食经济体制，也发生了一系列的深刻变革。这一时期，随着市场化改革的不断推进，政府按照一定的顺序不断地放开计划经济体制下对粮食的全面管制。其主要体现在对粮食流通体制的不断市场化改革上。

在生产方面，一方面，政府不断地提高粮食收购价格。如 1979 年政府继续提高粮食统购价格，在原来保持了 12 年之久的统购价格基础上提高 20%，并且超购部分在此基础上再加 50%。1985 年政府取消粮食统购，改为合同定购，实行"倒三七"比例计价收购，实际上提高了粮食收购价格。1994 年和 1966 年政府又先后两次提高定购价格，分别提高了 30% 和 40%。另一方面，政府增加了对种粮农民的生产和收入补贴。2004 年，政府使用粮食风险基金对主产区种粮农民进行直接补贴。2006 年，在全国范围内取消农业税。这

些举措大大刺激了农民的种粮积极性，从 2004 年到 2014 年 11 年间，我国粮食产量实现了"十一连增"。

在流通方面，首先，对粮食的收购环节进行放开。1979 年，政府在提高粮食计划收购价格的同时，适当缩减了统购、派购的数量。1985 年更是取消了统购、派购制度，采取了合同定购和议价收购并行的"价格双轨制"，这实际上就是确立了自由市场交易的合法性。2001 年根据"放开销区、保护产区"原则，逐步放开粮食主销区及部分产销平衡区的粮食收购市场，同时也放开了一些主产区部分粮食品种的收购。2004 年，进一步全面放开粮食收购市场，实行"放开收购市场，直接补贴粮农，转换企业机制，维护市场秩序，加强宏观调控"的政策，积极稳妥推进粮食流通体制改革，完善粮食价格形成机制，实现粮食购销市场化和市场主体多元化。其次，在粮食管理体制方面，改变了原来"四统一"的高度集中的粮食管理体制，实行了中央和地方分权。1994 年建立起了粮食风险基金制度，有效地落实粮食的收购保护价格制度；建立起了"米袋子"省长负责制，减轻中央财政在稳定粮食市场方面的负担；另外，政府加强了对国有粮食企业的市场化改革。1998 年的"四分开、一完善"政策和"三项政策、一项改革"都要求加强对国有粮食企业的改革。2004 年的粮食流通体制改革依然要求按照"转换企业机制，维护市场秩序"的方针推进国有粮食企业的市场化改革。此外，政府建立起了一套完整的粮食储备制度。

加入 WTO 之后，由于来自国际社会要求进一步开放中国国内农业市场的压力，以及国内粮食供求形势的好转，中央政府文件明确了以市场为取向的粮食流通体制改革方向。然而，在实际执行中，中国粮食价格形成机制却日益向逆市场化的方向演化——政府通过出台包括"托市"政策（2004 年和 2006 年先后启动稻谷和小麦最低收购价政策，2007 年启动玉米、大豆和油菜籽临时收储政策，2011 年和 2012 年先后启动棉花和食糖临时收储政策）在内的一系列旨在保障粮食等主要农产品供给和稳定农产品市场（所谓"保供稳价"）的政策，粮食价格形成机制日益演变为以政府定价为核心（徐振宇，2016）。

2014 年之后又开始了新一轮的粮食政策市场化改革。这一年，目标价格制度的提出，是粮食政策在已有托市政策基础上向市场化迈出的重要一步。2014 年中央一号文件提出"坚持市场定价原则，探索推进农民工价格形成机制与政府补贴脱钩的政策，逐步建立农产品目标价格制度"，并决定先期对东北和黑龙江的大豆、新疆的棉花进行目标价格改革试点。所谓目标价格，是指政府对每种主要农产品都设立目标价格，当市场价格低于目标价格时，农民将收到政府发放的补贴，当市场价格高涨时，低收入群体将得到补贴。该制度是 20 世纪 60 ~ 70 年代，欧美国家为解决因"农业价格支持政策造成的价格扭曲"和"日益沉重的农业财政负担"而实行的农产品价格直接补贴制度（程国强，2009）。该制度能够达到农产品市场价格形成与政府支持政策脱钩，同时在稳定农产品价格、保护农民收益和促进农业发展上发挥作用的目的（王向阳，2014）。

随着我国粮食供求结构性矛盾凸显，特别是玉米已呈现阶段性供大于求局面，库存高企、财政负担加重、国内外差价较大、收储和进口压力不断加大，用粮企业经营困难问题突出，不利于生产稳定发展、市场平稳运行和农民持续增收。2016 年的玉米收储政策改革，由原有的临时储备政策改为"价补分离"，即按照市场定价、价补分离的原则和保障农民合理收益的要求，推进玉米价格形成机制。将在东三省和内蒙古自治区调整玉米临时收储政策为"市场化收购"加"补贴"。一方面，玉米价格出市场形成，反映市场供求关系，调节生产和需求，生产者随行就市出售玉米，各类市场主体自主入市收购；另一方面，建立玉米生产者补贴制度，对东三省和内蒙古自治区给予一定财政补贴，中央财政补贴资金拨付到省区，由地方政府统筹将补贴资金兑付到生产者，以保持优势产区玉米种植收益稳定。

在消费方面，主要表现为粮食销售价格的提高，以及粮食计划供应的取消，粮食消费完全市场化。1991 年，城市平价供应粮食价格提高 50%。1993 年下半年，全国各地基本上取消了粮票和统销制度。2004 年，实行"放开收购市场，直接补贴粮农，转换企业机制，维护市场秩序，加强宏观调控"的政策，不断完善粮食价格形成机制，实现粮食购销市场化。此外，粮食消费政策还包括政府对低收入群体的粮食救助政策。

总之，随着改革开放政策的实行，计划经济体制下的粮食政策已不能适应我国国情。这一期间，政府对粮食的管制得到了极大放松。表现为开始改变传统的"统购统销"政策，1985 年实行"价格双轨制"。之后一直进行粮食流通体制的市场化改革，基本实现了粮食购销市场化。这一时期，政府对粮食管制的放松主要体现在流通和消费方面，在生产方面通过不断地提高收购价格以及补贴标准来刺激农民的种粮积极性，从而保障粮食生产。

第四节　中国粮食政策的目标与手段

一、中国的粮食政策目标

粮食作为一种战略物资，同时又是一种商品，其特殊性不言而喻，国家粮食政策目标多重性也是必然的，关键是政策的设计应锁定基本目标，并使目标函数效益最大化。

粮食政策目标的选择遵循以下原则：第一，理清粮食政策目标的次序，明确重点。从我国目前的实际来看，首先要满足最基本的目标要求，即粮食供给和物价的稳定，要保证这一目标的实现，必须要调动农民的种粮积极性，而调动农民的种粮积极性的关键是保证农民种粮能获得平均利润，因此保证农民种粮收益的稳定应是粮食政策设计的基本目标。

第二，粮食政策阶段性目标要与特定要求一致。政策设计要有的放矢，锁定重要的目标，确保基本目标的实现。当前粮食政策首要的目标莫过于保护农民的利益，调动农民的种粮积极性，确保粮食供给的持续稳定。其次才是扭转和化解粮食企业的亏损，减轻财政支出。因为要调控就必然会有调控成本，只是要求达到一定的调控目标，财政支出最少，或者说以最少的支出达到最大的调控成效。

第三，粮食政策的目标偏好要与农民的利益偏好一致。粮食政策的目标偏好与农民的利益偏好一致极为重要，它是衡量政策是否合理的重要标志。要使两者的偏好一致必须改革政策制定制度。

第四，粮食政策的目标函数效益要最大化。具体来说，就是在基本目标满足的条件下，再有侧重点地使企业扭亏、财政减负以及适当地利用国际市场调剂粮食的数量和结构余缺，使整体效益最大化（邓大才，1999）。

在当前粮食"三量齐增"的背景下，粮食政策目标发生了新的转变，突出表现为生产端的调结构、保产能和流通端的再重视。

生产端的调结构、保产能。《人民日报》2015年12月15日发表文章认为，调整粮食生产结构十分迫切，粮食生产要适应新常态，粮食改革要由需求侧向供给侧转型。在粮食供给侧比较宽松的情况下，调整种植结构时，要向粮食供求平衡态过渡，既不能过度调减，又要把握力度和节奏，挖掘粮食生产新潜力。其重点是推动粮食生产由数量增长为主向数量、质量、效益并重转变，由依靠资源和物质投入向依靠科技进步和提高劳动者素质转变。对粮食安全程度的衡量不能仅表现在粮食产量方面，更应注重粮食产能方面的保护和提高。2015年8月国务院办公厅印发的《关于加快转变农业发展方式的意见》明确提出要坚持把增强粮食生产能力作为首要前提，坚守耕地红线，做到面积不减少、质量不下降、用途不改变，稳定提升粮食产能，确保饭碗任何时候都牢牢端在自己手中，夯实转变农业发展方式的基础，并把增强粮食生产能力，提高粮食安全保障水平作为转变农业发展方式的首要任务[1]。

---

[1]　http://www.moa.gov.cn/zwllm/zcfg/xgjd/201508/t20150813_4787907.htm.

流通端的再重视主要体现在两个方面：第一，省长负责制向省长责任制的转变。2014年底，国务院《关于建立健全粮食安全省长责任制的若干意见》（国发〔2014〕69号，以下简称《意见》）正式对外发布，《意见》从粮食生产、流通、消费等各环节，进一步明确了各省级人民政府在维护国家粮食安全方面的事权与责任。与之前的省长责任制不同，现今的省长责任制不仅强调了粮食的数量安全，还强调了粮食的质量安全、粮食产业健康发展。这是国务院就全面落实地方政府粮食安全责任出台的第一个专门文件。第二，减少流通端市场扭曲成为粮食价格支持政策改革的重要目标。原有价格支持政策的实施导致了粮食流通市场价格的扭曲，对产业链下游造成冲击，新的"价补分离"政策则具有"干预扭曲程度小、市场化导向"的特征，能在不影响原有价格支持政策效果的基础上，尽可能地减小对流通端的扭曲（谭砚文等，2014）。

二、中国的粮食政策手段

2004年是我国粮食市场调控具有划时代意义的一年。同年5月国务院出台了《关于进一步深化粮食流通体制改革的意见》，决定在总结经验、完善政策的基础上，本着有利于生产、有利于国家粮食安全的原则，全面放开收购市场，并于2004年起全面实行对种粮农民的直接补贴，开启了粮食市场调控新阶段。此后相继出台了最低收购价、临时收储、良种推广补贴、农机购置补贴和农资综合直补等市场调控政策。而且，2013年新增的目标价格政策及2016年针对玉米采取的价补分离措施，共同构成了我国的粮食政策体系。以2015年为例，与粮食相关的政策手段及实施情况如下：

1. 种粮直补政策

中央财政将继续实行种粮农民直接补贴，补贴资金原则上要求发放给从事粮食生产的农民，具体由各省级人民政府根据实际情况确定。2014年1月，中央财政已向各省（市、区）预拨2015年种粮直补资金151亿元。

2. 农资综合补贴政策

2015年1月，中央财政已向各省（市、区）预拨农资综合补贴资金1071亿元。

3. 良种补贴政策

小麦、玉米、大豆、油菜、青稞每亩补贴10元。其中，新疆地区的小麦良种补贴15元；水稻、棉花每亩补贴15元；马铃薯一、二级种薯每亩补贴100元；花生良种繁育每亩补贴50元、大田生产每亩补贴10元。

4. 农机购置补贴政策

中央财政农机购置补贴资金实行定额补贴，即同一种类、同一档次农业机械在省域内实行统一的补贴标准。

5. 农机报废更新补贴试点政策

农机报废更新补贴标准按报废拖拉机、联合收割机的机型和类别确定，拖拉机根据马力段的不同补贴额从 500 元到 1.1 万元不等，联合收割机根据喂入量（或收割行数）的不同从 3000 元到 1.8 万元不等。

6. 新增补贴向粮食等重要农产品、新型农业经营主体、主产区倾斜政策

国家将加大对专业大户、家庭农场和农民合作社等新型农业经营主体的支持力度，实行新增补贴向专业大户、家庭农场和农民合作社倾斜政策。

7. 提高小麦、水稻最低收购价政策

2014 年生产的小麦（三等）最低收购价提高到每 50 公斤 118 元，比 2013 年提高 6 元，提价幅度为 5.4%；2014 年生产的早籼稻（三等，下同）、中晚籼稻和粳稻最低收购价格分别提高到每 50 公斤 135 元、138 元和 155 元，比 2013 年分别提高 3 元、3 元和 5 元，提价幅度分别为 2.3%、2.2% 和 3.3%。2015 年，继续执行玉米、油菜籽、食糖临时收储政策。

8. 产粮（油）大县奖励政策

常规产粮大县奖励标准为 500 万~8000 万元，奖励资金作为一般性转移支付，由县级人民政府统筹使用，超级产粮大县奖励资金用于扶持粮食生产和产业发展。在奖励产粮大县的同时，中央财政对 13 个粮食主产区的前 5 位超级产粮大省给予重点奖励，其余给予适当奖励，奖励资金由省级财政用于支持本省粮食生产和产业发展。油菜籽增加奖励系数 20%，大豆已纳入产粮大县奖励的继续予以奖励；入围县享受奖励资金不得低于 100 万元，奖励资金全部用于扶持油料生产和产业发展。

9. 农产品目标价格政策

2015 年，启动东北和内蒙古大豆、新疆棉花目标价格补贴试点，探索粮食、生猪等农产品目标价格保险试点，开展粮食生产规模经营主体营销贷款试点。

10. 农业防灾减灾稳产增产关键技术补助政策

中央财政安排农业防灾减灾稳产增产关键技术补助 60.5 亿元，在主产省实现了小麦"一喷三防"全覆盖。

11. 深入推进粮棉油糖高产创建支持政策

2013 年，中央财政安排专项资金 20 亿元，在全国建设 12500 个万亩示范片，并选择 5 个市（地）、81 个县（市）、600 个乡（镇）开展整建制推进高产创建试点。2015 年，国家将继续安排 20 亿元专项资金支持粮棉油糖高产创建和整建制推进试点，并在此基础

上开展粮食增产模式攻关，集成推广区域性、标准化高产高效技术模式，辐射带动区域均衡增产。

12. 测土配方施肥补助政策

2015 年，中央财政安排测土配方施肥专项资金 7 亿元。2015 年，农作物测土配方施肥技术推广面积达到 14 亿亩；粮食作物配方施肥面积达到 7 亿亩以上；免费为 1.9 亿农户提供测土配方施肥指导服务，力争实现示范区亩均节本增效 30 元以上。

13. 土壤有机质提升补助政策

2015 年，中央财政安排专项资金 8 亿元，继续在适宜地区推广秸秆还田腐熟技术、绿肥种植技术和大豆接种根瘤菌技术，同时，重点在南方水稻产区开展酸化土壤改良培肥综合技术推广，在北方粮食产区开展增施有机肥、盐碱地严重地区开展土壤改良培肥综合技术推广。

14. 做大做强育繁推一体化种子企业支持政策

农业部将会同有关部委继续加大政策扶持力度，推进育繁推一体化企业做大做强。一是强化项目支持；二是推动科技资源向企业流动；三是优化种业发展环境。

15. 农产品追溯体系建设支持政策

经国家发改委批准，农产品质量安全追溯体系建设正式纳入《全国农产品质量安全检验检测体系建设规划（2011～2015 年)》，总投资 4985 万元，专项用于国家农产品质量安全追溯管理信息平台建设和全国农产品质量安全追溯管理信息系统的统一开发。

16. 农业标准化生产支持政策

中央财政继续安排 2340 万元财政资金补助农业标准化实施示范工作，在全国范围内，依托"三园两场"、"三品一标"集中度高的县（区）创建农业标准化示范县 44 个①。

此外，2016 年新提出的针对玉米的"价补分离"，主要采取"三位一体"的改革方式，即"退出粮价支持" ＋ "种粮收益补贴" ＋ "创新粮食调控"。目标价格和"价补分离"政策手段的出现，为我国粮食政策引入市场机制提供了理论基础。近年来，与政策目标相对应，对部分粮食生产的调减成为当前粮食政策的新动向，这无疑会增加"蓝箱"政策在国内的应用和普及。WTO 框架下，转变中的政策目标使得粮食政策的调控手段更为灵活。

---

① http://www.zxbtz.com/News1/1302.html.

第五节　中国粮食政策面临的挑战

一、人口、资源环境对粮食安全的制约

尽管现今粮食政策在粮食生产保障方面作用显著，但随着农村人口结构及资源环境束缚的加强，粮食政策的调控效果也呈现逐年递减趋势。

1. 农村人口老龄化、女性化趋势明显，影响了粮食政策信息的有效传递

据第六次人口普查结果显示，60 岁及以上人口占总人口的13.26%，65 岁及以上人口占总人口的8.87%。民政部公布的《2015 年社会服务发展统计公报》显示，截至 2015 年底，我国 60 岁级以上老年人口占比已增加至 16.1%，其中 65 岁及以上人口增加至 10.5%。比较两组数据能够得到 2010 年以来国内人口老龄化程度日趋加深，而且，相比于全国层面的平均数据，以中青年为主的劳动力流动加重了农村地区的老龄化水平，而人口的老龄化又会进一步导致农业劳动力的老龄化（李旻等，2009），表现为老年人的农业生产参与率提高（吴海盛，2008）及参与时间增加（李琴等，2009）。

具体来说，老龄劳动力生理机能下降，体力差会导致有效农业劳动投入不足。尤其强调老龄劳动力学习能力差、受教育程度低、思想僵化，不利于农业生产新技术、新作业方式的应用（徐娜和张莉琴，2014）。由此衍生的是，老年人对粮食政策的敏感性更差，更多地生产是出于生活习惯而非经济刺激。因此，如果农业生产主体的老龄化水平加深，粮食政策的调控效果必然受到影响。

农村人口结构女性化是冲击粮食政策效果的另一重要方面。与人口老龄化类似，农业劳动力女性化同样存在使得粮食生产抉择对粮食调控政策不敏感的可能性。

因此，在人口结构变化的当下，粮食调控政策的执行力亟待加强。针对不可逆的老龄化、女性化现状，如何调整完善粮食调控政策，实现当前农业劳动力结构下的粮食安全保障，是粮食政策制定者面临的重大课题。

2. 环境资源约束日益突出，降低了粮食调控政策效果的发挥空间

伴随着粮食产量"十二连增"的到来，粮食继续增产的禀赋潜力却面临巨大威胁，环境资源约束日益突出。具体表现是，一方面粮食生产增加，另一方面粮食增产的基础——

生产能力却缺乏可持续性。

粮食产量增加方面不必多说。然而，粮食连续增产的背后，却是高投入和高资源环境消耗的粗放式生产现实。在禀赋条件相对优越的条件下，这种生产模式具有立竿见影的成效。然而，伴随着西方工业化农业模式的继续[①]及部分自然条件优越地区的去粮化趋势（武舜臣等，2016），一定程度上加重了资源环境对粮食安全的制约。近年来，东北黑土地的破坏及北方地区地下水资源的枯竭，已对粮食产能的巩固和提升造成威胁，国内粮食生产整体的环境资源约束已不容忽视。东北黑土区耕地地力严重下降，耕层厚度由开垦初期的 50～80cm 降至 12～20cm，耕层有机质以年均 1‰ 的速度下降，至少有 10% 的黑土层已丧失生产能力（贾正东，2016）。2016 年 1 月 31 日的一篇报道中提到，黑龙江省绥化市是重要的商品粮产地，但在长期耕种且大量使用化肥的情况下，土壤越来越黏，抗旱保墒能力下降。隶属于绥化的海伦市，其黑土有机质含量已从 30 年前的 5.8% 降为现在的 4%。有机质基本降至"临界点"，"再降庄稼就不好生长了"。土壤容重由每立方厘米 0.79 克增加到 1.27 克，说明土壤在黏化；总孔隙度由 67.9% 变为 52.5%，说明土壤在板结[②]。

在环境资源约束背景下，粮食调控政策要综合考虑环境和资源要素，适当引入生态环境保护机制。然而，长期以来我国农业补贴政策设计的主要功能是满足对粮食等农产品的数量需求而实施的政策支持，而农民增收、生态环境保护、农业现代化等却很少成为补贴政策的功能，补贴功能单一（赵予新和钟雪莲，2009）。在原有政策框架内加入生态环境因素的要求，会给以增产为主要目标的现今粮食调控政策带来挑战。

二、国内外环境对粮食政策提出更高要求

未来的粮食政策，不仅建立在已有粮食政策导致的国内环境之下，更处于更为开放的国际环境当中。具体来说，一方面，随着国内粮食价格支持政策的继续，国内粮食市场扭曲严重，原粮成品粮价格倒挂现象频现（武舜臣，2016）。与之相对应，国内粮食储备高涨，财政早已不堪重负，粮食政策可持续性面临挑战（詹琳和蒋和平，2015）。一般情况下，市场存粮应在 5000 万～6000 万吨，受临储提价政策的影响，加之近年国际国内供求形势逆转，国内玉米产区与销区价格倒挂、原料与成品价格倒挂，颠覆各类粮食主体的存

---

① 工业化的农业是指把工业生产规律套用到农业。把土壤、水资源、环境、动物和植物仅当做生产要素，以人的意志来设计和控制农业的大规模生产。按照王召（2006）的观点，这种追求产业化、规模化和市场化的农业，意味着品种的整齐划一，意味着对土地更多的压榨，把田园变成车间，从而使土地丧失了轮作休养、多样化耕作的机会。当然，西方粮食生产往往存在轮作机制，国内则缺少该机制，对土地的伤害程度更高。

② http://news.sohu.com/20161031/n471829269.shtml.

粮意愿，使市场收购与库存压力全面向国家收储转移，形成老库存拍卖出库不畅、新库存迅速增加的困局。如 2012 年，东北产区政策性临储 3083 万吨，次年增加到 6919 万吨，2014 年高达 8329 万吨，相当于收储了东北产区玉米全年产量的 80%（程国强，2016）。考虑到国家粮食收购、保管及轮换等相关费用，农业财政负担相应越发沉重。

另一方面，随着近年来国际粮价的走低，国内外粮食价格同样呈现倒挂现象，粮食进口数量猛增。从 2010 年起，我国粮食价格开始高于国际市场离岸价格，而仅 3 年左右时间，截至 2013 年 4 月我国稻谷、小麦、玉米、大豆等主要粮食价格已经突破国际价格"天花板"（即粮食进口价格高于配额外进口缴税后价格），且价差呈现持续扩大态势。国家粮油信息中心数据显示，截至 2015 年 1 月 30 日除去油脂外，我国小麦、大米、玉米、大豆、油菜籽等主要粮食品种均已大幅超过国外粮食进口到岸完税价格，其中小麦高33.3%，大米高 37%，玉米高 51.3%，大豆高 39.2%，油脂高 44.97%。进口方面，2008～2015 年，我国粮食进口量由 2008 年的 0.413 亿吨增加至 2015 年的 1.3 亿吨，总量增加约2.15 倍。据海关总署数据显示，2014 年前 7 个月包括小麦、大米、玉米在内的我国谷物进口量较上年同期增长 80%；全年大豆进口量为 7140 万吨，同比增长 12.7%，为国产大豆产量的 6 倍左右，更是 1996 年开始进口时（111 万吨）进口量的 64 倍。

刚性增长的国内粮食价格和疲软的国际粮价，共同构成了当下粮食政策的实施环境。粮食生产实现"十二连增"大背景下，粮食进口和走私数量却大幅增长，形成"国内增产—国家增储—进口增加—国家再增储"等反常现象[①]，给农民增收和粮食市场宏观调控造成严重冲击，粮食流通成本上升、政府粮食收储压力加大、粮食市场供求矛盾加剧等不确定风险明显增多。

根据 D. 盖尔（2014）的论断，在 WTO 框架协议内，如果保留粮食支持价格，则该价格不能超过粮食进口价格，否则就会产生十分恶劣的后果。具体来说，现有的粮食政策必须同时应对以下现实问题：

第一，短期内难以避免的外来米冲击问题。由于国内粮价的刚性上涨和国际粮价低迷，国内外差价拉大，如何在 WTO 框架及低价米冲击下保证粮食政策效果成为当前的一大难题。如果继续加大价格支持力度，一方面会进一步拉大国内外粮价差额，导致更多的外来粮；另一方面，WTO 框架对"黄箱"政策有一定限制，不断地提高价格支持力度也不现实。

第二，储备粮轮换不畅导致的高库存难题。在国内外粮价倒挂和国外粮食进口大量增加的大背景下，我国国有粮食储备企业托市粮顺价销售变得更加困难。按规定中央和地方

---

① http：//news. sina. com. cn/c/nd/2016－01－12/doc－ifxnkkuv4409725. shtml.

储备粮每3年要进行轮换，但受国际市场价格大幅走低和进口粮食大量增长等因素冲击，国内粮食市场行情也呈逐步走弱趋势，国家储备粮竞价销售市场成交率长期处于较低水平，粮食市场流通和政策性粮食轮换严重不畅。根据中华粮网最新数据显示，2015年3月10日河南市场拍卖投放托市小麦20.11万吨，成交0.32万吨，均价2430元/吨，成交率仅为1.62%；安徽市场投放81.85万吨，成交28.84，均价2452～2465元/吨，实际成交率也只有35.23%。

第三，与高库存相对应，财政负担和卖粮难问题也给粮食政策提出更高要求。一方面，由于国内外价格倒挂，形成了"国粮入库、洋粮入市"现象，国有储备库轮换困难仓容紧张，财政负担过高，农民卖粮难问题重现。据国家粮食局测算，国家临时收储每储存1吨玉米需收购费用50元，每年利息支出约137元和保管费100元，共计约287元；如按照2013～2014年我国临时收储玉米6919万吨计算，仅收购费、利息支出和保管费三项费用国家财政每年支出就高达198.58亿元，如再加上企业竞拍临储玉米，除高于收储价的拍卖价外，还要支付出库费30元，品质升降差平均约40元，短途运输和损耗费用平均约50元等，共约120元，成本则将进一步增加（樊琦和祁华清，2015）。

另一方面，由于我国粮食连续多年丰收，国内市场粮食价格却持续多年上涨，民营企业入市收购谨慎，国有收储企业成为收购主力军，大部分粮食流向国储库。库存容量限制及轮换困难导致国储库收储压力增大，国有粮库面临有收粮意愿却无库存量的尴尬境地，农民卖粮难问题也再次出现。

三、粮食政策（目标）存在着内在不一致性

现行粮价政策，目标多重、功能错位，既要保障粮食有效供给（"保供给"），也要保护农民种粮利益（"保收益"）。粮食政策目标间既可能一致也可能冲突（高帆，2005）。

随着改革的推进及现实情况的变动，很多原来严重的问题得到解决。同时，部分原来并未引起人们足够重视的问题变得突出。粮食政策目标的冲突一直存在，但在不同时期的表现不同。其中，粮食政策中的产量目标和收入目标间的冲突就存在日益显性化的趋势（柯炳生，1993）。

20世纪90年代之前劳动力流动受约束，这两类目标具有较强的一致性，种粮积极性提升同样意味着农民收入的增加。然而，随着人口流动制度的逐步放开，农民收入结构发生变动，售粮收入在家庭总收入中的比重已越来越低，即便是粮食大省也面临着以粮为主收入结构弱化的趋势（姜天龙和郭庆海，2012），增产增收间的矛盾日益拉大，粮食政策目标的内在不一致性增强。

此外，随着粮食政策的继续，更多地衍生政策目标也不断出现，现今的粮食政策目标呈现新的特征。第一，由生产端向流通端过渡。已有的粮食政策多集中在粮食生产端，目标是粮食生产和农民增收。然而，随着粮食政策对流通市场扭曲程度的加深，降低粮食政策对流通端的扭曲成为当前粮食政策的又一重要目标。第二，目标对象向政府自身转移。在财政支出压力不大的情况下，政府可以作为一个中性主体，采取各种调控手段实现干预市场的既定目标。在财政支出压力增大的情况下，降低财政支出成本这一新目标被纳入粮食政策当中，加大了粮食政策目标的复杂性。

目标的不一致导致政策制定和实施中权衡的难度增加。针对原有的增产增收目标，随着增产与增收间的差距拉大，更多农户以外出务工等形式获取收入，除部分种粮大户或家庭农场外，粮食生产占家庭总收入比重逐年下降。此时，农户种粮对价格的敏感性随着农户种粮收入占比的下降而下降（李娟和武舜臣，2016），以增产为目标的粮食价格支持政策的有效性受到挑战。

另外，流通扭曲缓解及财政支出下降的目标同样面临着一定难题。增产增收目标与缓解流通环节扭曲目标存在不一致性，价格支持政策在生产领域的有效性同样意味着对流通环节干预程度的加大，"价补分离"的新型补贴形式能够在一定程度上缓解两者间的矛盾，但更多的委托代理环节降低了"价补分离"政策的有效推进。

财政支出目标方面，在现今国内外粮价差额过大的背景下，民营企业入市收购谨慎，国有收储企业成为收购主力军。此时，国有企业在粮食调控中的原有问题将被放大。如果财政补贴下降，一方面，国有粮食企业的粮食安全责任意识也会降低，逆向选择现象难免增加，粮食市场价格风险加大；另一方面，国有企业入市收粮动机同样下降，容易形成新的卖粮难问题。

因此，新的粮食安全现状下，如何依据不同情况调整政策目标，减少目标的内在冲突，是当前粮食政策面临的巨大挑战。

第二章 中国的粮食生产政策

第一节 粮食生产政策体系的基本构成

自 2003 年开始，我国长期以来因为农业支援工业所造成的"三农"问题愈加严重，城市发展与农村发展急剧失衡；与此同时，工业发展初具成效，开始具备了"工业反哺农业"的基本条件。因此，我国粮食生产支持政策逐渐开始由原来单一的具体补贴形式转变为综合的粮食生产支持政策体系，即以综合性收入补贴为主，辅助专项生产性补贴，外加粮食最低收购保护价、农业税减免相结合的综合补贴政策体系。其中综合性收入补贴包含粮食直接补贴和农资综合直接补贴，专项生产性补贴则主要为良种补贴和农机具购置补贴。

在这一时期，产生的重要政策主要有以下几项：2006 年全面取消农业税，表明政府与农民在粮食生产利得的分配上发生了根本变化；对粮食生产实行综合性直接补贴政策，即对粮食生产者实行以粮食直补、农资综合补贴、良种补贴和农机购置补贴为主的"四补贴"政策，直接给予粮食生产者以经济利益补偿，充分调动和保护粮食生产者的产粮积极性；粮食最低收购价格政策的实行，表明国家开始在现行市场经济环境下实行宏观调控政策，由国家在特定时期对某些特定粮食品种委托具备专业资质的粮食企业以不低于某一限度的价格进行收购，以保护粮食生产者的经济利益不受损害。至此，我国粮食生产支持政策体系初步建立。

一、耕地保护政策

2012 年 3 月，国务院批准了《全国土地整治规划（2011～2015）》（以下简称《规划》），《规划》提出了"十二五"期间土地整治的主要目标：高标准基本农田建设成效显著，补充耕地任务全面落实，农村建设用地整治规范有序推进，城镇工矿建设用地整治取得重要进展，土地复垦明显加快，土地整治保障体系更加完善。该政策具体包含以下几点：①严格控制耕地转为非耕地。对各项建筑用地制定严格规划，尽可能减少建筑用地对于耕地的占用，从而保证我国耕地数量。②实行占用耕地补偿制度。遇到非农业建设项目占用耕地的情况，按照"占多少，垦多少"的原则，由占用耕地的单位负责开垦相同面积的可耕作土地进行补偿，无法满足这一要求的，应按照当地规定的补偿标准缴纳开垦基金，专门用于耕地的开垦工作。③基本农田保护制度。政府划定基本农田保护区以对于那些重要耕地进行全面监管和保护，确保这类耕地不受影响。1996 年，全国耕地面积为19.5 亿亩，到 2003 年底耕地面积降为 18.5 亿亩，相比 1996 年，耕地面积减少了 1 亿亩；2006 年，国家提出要坚守 18 亿亩耕地红线，确保粮食安全；2009 年，据国土资源部公布的调查数据显示，截至 2008 年底，全国耕地面积为 18.25 亿亩；2013 年，《国土资源公报》显示，截至 2013 年底，全国耕地面积为 20.27 亿亩。受调查标准、技术方法的改进及农村税费政策调整等因素影响，调查结果比基于一调的 2009 年变更调查增加了 1358.7万公顷（约 2 亿亩），但事实上增加的耕地相当部分是借于退耕还林、还草、还湿和休耕的需要，受污染不宜耕种等除外，适宜稳定利用高的依旧是 18 亿多亩，并且呈逐年下降趋势。

二、粮价保护政策

随着科技的进步，农业现代化的发展，我国粮食产量逐年增高，然而粮食增产后，为了保证农民增收、调控粮食价格以避免谷贱伤农以及稳定农民种粮的积极性，中央出台了粮食最低收购价政策。确切地来说粮食最低收购价政策，是为保护农民利益、保障粮食市场供应实施的粮食价格调控政策。我国目前实行的是市场经济制度，因而粮食价格受多种因素的影响，会在市场上呈现出波动的趋势。当粮食价格过低时，就会损害种粮农民的经济利益，降低其种粮的积极性，从而危及国家的粮食安全。为此，国家采取宏观调控的手段，在粮食价格低于一定水平时，委托具有相关资质的粮食企业按照最低收购价对粮食进行收购，保证种粮农民的经济利益不受损失，维护农民种粮的积极性。该政策同其他补贴政策一样，是国家"工业反哺农业"战略的具体表现。

三、粮食补贴政策

我国的粮食补贴政策具体包括以下四点：一是粮食直补。即国家财政根据各个地区的实际情况制定合适的补贴标准，并根据粮食生产者的实际粮食种植面积对其进行直接经济补贴，以期通过这一手段增加粮食生产者的收入、维持粮食生产者的种粮积极性。粮食直补政策由其诞生之初的区域性试点演变为如今的全面开展。二是农机购置补贴。农业机械购置补贴资金是指中央财政和地方财政为农民和农业生产经营组织购买国家支持推广的先进适用的农业机械给予的补贴。这一政策的实施极大地鼓励了粮食生产者对于购置和更新农业机械用具的热情，减轻了农民更新生产用具的经济负担，提高了粮食生产能力。三是良种补贴。即对一地区优势区域内种植主要优质粮食作物的农户，根据品种给予一定的资金补贴。这一政策实施的目的在于鼓励农民使用优良品种进行生产，从而提高优良作物品种的播种率，扩大优良品种的种植范围，通过长期的实行从而在根本上提升作物的质量，形成区域性种植特色优势。良种补贴政策始于 2002 年，目前给予补贴的品种由最早的少数几种作物扩展到小麦、玉米、水稻、棉花、油菜、马铃薯、青稞、花生等主要农作物，补贴区域包含全国主要粮油产区。四是农资综合直补。是指统筹考虑柴油、化肥等农业生产资料价格变动对农民种粮的增支影响，由政府对种粮农民给予适当补助，以有效保护农民种粮收益，调动农民种粮积极性，促进粮食增产。伴随着我国市场经济的发展，各项农业生产资料的价格波动越来越明显，该补贴政策主要考虑与粮食生产直接相关的各项生产成本变动，以农民耕种面积为依据，通过直接进行资金补贴的方式，对冲生产物资价格上涨对农民产生的影响。在该政策实施以来，各地根据自身不同的物价上涨幅度多次调整这一补贴标准（陆文聪等，2011）。

四、金融支持政策

随着经济和农业现代化的发展，粮食的生产也越来越需要金融支持，建立和完善农村金融服务体系，探索发展新型的农村合作金融组织，创新农村金融体制，制定简单便捷的农业信贷优惠政策，加快商业性、合作性、政策性金融相结合的新型农村金融体系，是保证我国粮食生产稳定发展的迫切需要（张晓涛等，2009）。我国目前推行的粮食生产金融支持主要体现在引导和推动各种符合监管规定的资本进入农业生产领域进行投资，为粮食生产提供多渠道来源的资金支持：首先，发动和引导农户发展互助组织，规范融资应用和民间借贷；其次，制定了相关农村金融改革方案，引导和建立以商业资本金融、政策性扶持资金、小额贷款组织等为主体的农业和农村金融体系；最后，鼓励现有金融机构在农业金融产品和金融服务领域的创新，提升农村小微金融的繁荣程度。

第二节　粮食生产政策体系存在的主要问题

现行粮食生产支持政策体系对调动广大农民种粮积极性，提高粮食产量和促进农民增收发挥了重要的作用。然而，从总体上看，现行的粮食生产支持政策体系在粮食生产支持政策本身、粮食主产区生产激励问题以及粮农生产激励问题等方面仍然存在一些问题，主要归结为如下几个方面：

一、粮食生产政策体系本身存在的问题

（一）政策补贴标准偏低且支持力度不够

我国各大粮食主产区的现行粮食生产补贴政策基本都存在着补贴总额低，人均获得补贴较少的问题，特别是在近几年国内物价快速上涨、粮食生产成本大幅提高的背景下，补贴增长的速度过慢，对于农民而言变相削弱了补贴效果。我国实行粮食直补和农资综合补贴以来，各省份的财政支出补贴标准不尽相同，但比较相似的特点是补贴标准偏低。政策实施之初，农民刚刚从缴纳农业税过渡到领取粮食生产补贴的阶段，虽然粮食生产补贴的数额较小，但从心理上仍然给农民带来了强烈的满足感，但伴随着补贴政策的持续，农民从心理上对补贴政策逐渐适应之后，如果补贴增长的速度仍然较慢，则对粮食生产者生产积极性的提升就会变得十分有限。此外，良种补贴也面临着标准不合理的问题，特别是在部分采用集中供种的地区，享受良种补贴的种子类型很少，没有充分达到良种补贴政策的初衷。

（二）政策支持体系不健全，配套措施不完善

我国政府的粮食生产支持补贴的兑付方式较少，难以满足目前多样化的补贴需求。在对粮食主产区省份的帮扶照顾方面缺乏长期的支援策略，难以保证长期维持粮食主产区的产粮积极性。我国现行的粮食生产直接补贴政策，是以单个粮食生产者所耕种的面积作为补贴基数的，并不与其当年的粮食产量挂钩，也就是即便粮食生产者在取得粮食生产补贴后不认真种粮、改种粮食以外的其他作物，甚至将耕地撂荒，也不会影响其取得补贴款，这一现象导致了粮食直补资金一定程度的浪费；粮食直补资金流失到了其他农业生产领域，没有达到补贴粮食生产的初衷。现行的粮食保护价收购政策在一定程度上违背了市场

规律，提高了粮食市场上部分主体的生产成本，影响了它们的正常经营（程国强等，2013）。鉴于以上原因，若要加大政府财政补贴力度和提高粮食支持政策的政策效应，必须要进一步完善粮食生产支持体系。按照国家目前的政策，粮食风险基金的配套资金由各粮食主产区自行筹集，而配套资金的数量又是与粮食产量挂钩的，对于各粮食主产区省份而言，其粮食产量越高、财政负担就越重，从而变相使粮食高产变成了拖累产粮大省经济发展的因素，影响主产区产粮大省继续促进粮食生产的积极性。

（三）政策管理运行机制不完善，落实成市高

目前，我国粮食生产支持政策在实施过程中涉及的部门过多，如粮食补贴从中央财政支出到最后农民拿到手里，要经过财政局、农牧局、税务局、银行等多个部门，造成了政策利益主体多元化。财政局负责粮食直接补贴和农资综合补贴的发放，而农牧局负责发放良种补贴，增加了发放补贴的成本，而参与部门也成为利益受益者。粮食补贴支持政策实施过程中主要有农民、政府部门和消费者三类利益主体；价格支持政策实施中主要有国有粮食企业、农民和消费者三类利益主体，在不同的粮食支持政策中利益主体交叉存在，加上我国的粮食生产支持政策执行机制不完善，参与的政府部门过多，导致政策透明度不够，缺乏有效的监督，就容易滋生腐败，使得政策在实际执行过程中落实成本高，从而政策落实不到位。我国中央制定的政策与地方制定的政策未必一致，政策在不断调整、不断变化，有些地方政府会出现补贴安排不到位，无计划实施，加上我国目前的粮食补贴是按照耕地计税面积进行补贴，导致抛荒、撂荒的种植群体也得到补贴，同时进行经济作物耕作的农民也能拿到粮食直接补贴，就使得真正种粮的农民未真正享受到补贴利益的照顾，不利于提高农民的种粮积极性。

（四）政策法制化程度低，缺少法律支撑

随着农业种植结构和粮食生产组织的变化和农业现代化的发展，我国的粮食生产支持政策也在不断完善，但政策的法制化程度低，缺少有效的法律支撑，目前我国与粮食生产相关的法律和行政法规除了新修订的《农业法》和《农业机械化促进法》外，其余多为中央和国家行政部门制定的政策，与发达国家相比并没有实质性的新的立法突破。我国的粮食支持政策通常都是中央以文件或条例形式下发到地方各省市，其政策在执行过程中更多的是依靠行政手段和相关政策监督，并且各项政策随着我国经济和农业发展的不断变化，由于缺少明确的法律规范和保障，其政策运行机制也就很难保障，从而影响政策制定目标的实现。政策实施过程中涉及部门众多导致工作透明度不够，使得对粮食补贴财政支出的监管不到位，这样在粮食补贴资金不及时或者被挪用后造成补贴资金流失的状况下无法做出合理的法律制裁（郭晓鸣，2013）。另外，由于我国粮食支持政策在不断的改变，

整个农业支持政策体系框架没有法律保障，使得农民对政策的不确定性有所担忧，反而不利于政策目标的实现。发达国家配合农业现代化的发展，有完善的法律支撑体系为政策作保障，我国要加快农业现代化的发展，保障粮食安全问题，使得粮食支持政策发挥稳定和长久的政策效益，就必须加快各项立法，完善我国的粮食生产支持的法律制度，提高政策的法制化程度，从而建立支持农业、惠及农民和消费者的粮食生产支持长效机制。

二、粮食主产区粮食生产激励不足

（一）主产区与主销区经济发展失衡

在我国粮食产量连年增长的背后，是粮食主产区长效激励政策体系仍未完全建立的事实。粮食生产的经济效益很低，拉动经济增长的能力较弱，从而导致粮食主产区地方政府的财力较弱，影响其长期推进粮食生产工作的积极性。另外，作为主要发展工商业的粮食主销区省份，经济实力普遍比较强，与粮食主产区省份形成了鲜明对比，这在一定程度上也影响了粮食主产区省份长期坚持粮食生产的决心。近年来，伴随着中国经济的快速增长，粮食主产区和粮食主销区省份的经济利益矛盾变得日益尖锐。例如，以粮食生产为主的河南省经济增速远低于以工业生产为主的浙江省。粮食主产区省份因产粮导致经济困难的案例绝非少数，国家级贫困县中有近一半处于粮食主产区，主抓粮食生产导致这些地区第三产业上不去，城镇化进程缓慢（吕新业等，2013）。粮食属于弱质产品，需求弹性较小，受自然气候和市场环境的影响容易产生价格波动，从而给粮食生产者带来经济利益上的损失。以河南省为例，虽然近年来粮食产量一直位于全国粮食主产区省份之首，但人均GDP和人均收入均长期低于国家平均水平。受这一问题困扰的农业大省不在少数，这些省份通常会选择采用引导农民改种经济效益更好的经济作物的方式来改善这一问题，这一解决方案也在一定程度上减少了粮食种植面积。

（二）主产区农业科技和服务体系尚未真正建立

2015年，我国粮食总产量实现了"十二连增"，然而我国粮食总需求呈现刚性增长，人口基数大，耕地面积有限，并且随着城镇化发展，农业用地被占用，危及18亿亩耕地红线，未来粮食产量的增产只能依靠科技的发展。目前我国对粮食生产的科技经费投入有限，并且我国对于粮食生产的扶持资金主要流向了粮食补贴领域，而针对农业科学技术推广方面的资金支持也较为欠缺。我国对于农业科学的研究投入占财政支出的比例相比发达国家而言较低，在农业技术推广方面的资金投入也较为欠缺，导致农业技术推广人员的工作条件及待遇较差，影响了农业技术人员的工作积极性，不利于科研成果的推广和普及。以产粮大省吉林为例，约12%的农业技术推广单位没有专属的工作地点，约95%的单位没有配备机动车辆，约80%的单位没有配备农业技术推广所需的专业设备和仪器。此外，我国的农业科技推广以不定期组织活动的形式为主，缺乏长期、固定的推广机制，导致有相当多的科研技术推广失败。

（三）粮食主产区农业金融支持不足，风险支持政策不完善

目前，我国粮食生产支持政策财政支持的资金来源主要有粮食风险基金、政府财政转移支付和中央财政专项基金，中央财政性转移支付主要是针对产粮大县进行的奖励，中央财政专项基金则是补贴中央储备粮油的贷款利息和最低收购价收购粮食储存期间的保管费用和利息以及公开销售产生的亏损，相对而言粮食风险基金使用范围最为广泛，但由于我国粮食补偿范围广且资金量大，对于目前要加大政府财政对粮食生产的投入，难以完全实现国家财政支付，而目前我国配套的金融支持机制不完善，粮食主产区的农业金融支持更是不足，如何更合理、有效地推动社会资本投入粮食生产，促进农业发展，保障粮食安全是需要解决的问题。随着近年来我国土地流转速度的加快，粮食生产组织模式逐渐发生变化。目前我国的粮食生产主体以种粮大户、农业合作社、大型农场为主，这些粮食生产主体能够提供稳定的粮食产出，需要比一般农户更大的经济投入，也承担着更大的风险，对粮食市场的波动更加敏感。依靠政策的力量来保护这部分产量主体显得力度不够，往往还需要借助保险的手段来对冲粮食市场波动的风险，但目前这些生产主体获得保险支持的力度明显不足，成本也过高，需要政府进一步的引导和支持来建立完善的金融保险支持体系。

（四）主产区与主销区利益补偿机制不完善

按照我国现行的投资政策，地方用于配套粮食生产的资金与粮食产量挂钩，但粮食主产区政府的经济实力本身就弱，经济增长主要依靠粮食产量的提高，这就构成了"粮食产量提高等于财政负担加重"的矛盾。我国现行的补贴政策通常要求地方政府提供资金以配套中央政府的补贴资金，这就导致粮食主产区所生产的粮食中会包含有大量当地政府的财政拨款，但因为我国划分粮食主产区和粮食主销区，粮食主产区所生产的粮食会大量流入粮食主销区，这就导致粮食主产区当地政府的财政拨款最终流入了粮食主销区，使得原本就经济落后的主产区变相补贴了经济更加发达的主销区，从而进一步拉大了粮食主产区和粮食主销区的经济实力差距。粮食生产补贴资金由粮食主产区部分承担所带来的另一个问题就是，因粮食主销区的经济实力往往强于粮食主产区，造成粮食主销区的粮食生产补贴标准大幅高于粮食主产区的怪现象。我国粮食直补各地区补贴标准不同，主销区的粮食直补标准远高于主产区。从2010年到2014年的统计数据来看，粮食主产区每亩每年补助20元，主销区北京地区每亩每年补助70元，主销区直补数额为主产区的3.5倍，而大力发

展粮食生产忽视了其他产业发展导致主产区经济落后，原本主产区应该享受政府更高程度的财政补贴粮食生产。而这种粮食主销区的补贴标准远高于粮食主产区的现象若不加以改善，未来势必影响主产区粮食生产的长期稳定。

（五）忽视对发展生态农业的引导

我国现行的粮食生产补贴政策的出发点，主要是为了增产保收，但由于缺乏相应的农业科学技术指导以及先进农业理念的引导，我国现行的粮食增产增收方式可能会将我国的粮食生产带上歧途。目前，我国现有的粮食增产增收模式是以高消耗和牺牲环境为代价来实现的，是缺乏长期可持续性的，如果国家不引导改变这一粮食增产增收模式，必将威胁到我国中长期的粮食安全。不过在现行的粮食生产补贴政策中，政府尚未加入引导农民改变粗放式农业生产模式的成分，这给我国粮食生产的可持续发展带来了不少隐患。

三、种粮农民生产积极性不高

（一）比较利益低，农民种粮积极性不高

随着种粮成本的持续增长，种植粮食作物的效益越来越低，农民更倾向于种植经济作物。根据中国家庭金融调查与研究中心发布的《中国农村金融发展报告2014》显示，2013年农村户籍家庭中拥有土地的家庭占比为66.7%，且土地闲置家庭和土地闲置面积都较往年增加，而农业生产家庭仅占农民家庭的1/3。农村家庭总收入均值为36560元，其中工资性收入为17764元，农业收入仅占21.7%，工资性收入及其他收入占据农村家庭总收入高达78.3%，并且当前粮食生产者为种粮投入的各项成本几乎占据了粮食收入的近八成，而农资价格的增长幅度也远大于粮食价格和粮食生产补贴的增长幅度。近年来，随着经济的发展，城镇居民和农村居民家庭人均收入差距加大。农民不再局限于种田务农，转而投入第二、第三产业，加上相对于其他产业而言种粮的比较收益低，而随着生活成本的增加农民多选择外出务工，或是改种粮为种植经济作物。究其原因，主要是因为外出务工收入是在家种粮收入的数倍，然而大部分青壮年都选择外出务工，导致了农村土地撂荒，加重了我国粮食生产问题，进而制约着农民种粮积极性的提高。

（二）粮食组织生产方式落后

改革开放确定了我国农村家庭联产承包责任制的粮食生产模式，包产到户的粮食生产组织方式在特定时期也大大提升了农民的种粮积极性。但是随着我国农业和社会的发展，联产承包责任制也开始显现出诸多弊端，主要体现为每家每户的生产面积过小，粮食生产的规模效应无法体现，同时不利于机械化的农业生产作业方式和农业资源的配置，限制了农业生产力的发展。同时，农户之间分散生产经营，组织化程度低，不宜形成团体来维护自身的利益，在粮食生产的各个环节都处于劣势，无法通过规模效应来降低生产成本。这种粗放式的粮食生产不利于有效利用各种粮食生产资源，降低了粮食生产效率，并且由于生产规模小不利于新的粮食生产技术的应用推广，但是随着我国土地流转的推广，土地流转面积逐年增加，这种规模化经营使得土地流转区域内粮食生产主体以种粮大户、农业合作社、大型农场为主，未来粮食组织生产方式将需要改变。

（三）农业劳动力结构失衡

随着经济的发展和计划生育政策效果的逐渐显现，农业劳动力结构发生了巨大变化，对农业现代化的发展和粮食安全产生了重大影响。近年来我国农业机械化的程度大幅度提高，粮食生产所需投入的劳动力大大减少，从而释放出大量原本归属于粮食生产的富余劳动力，目前我国从事粮食生产的多为 40～60 岁的农民；同时，由于从事粮食生产的经济效益较低，以青壮年为代表的农村富余劳动力大都选择外出打工以获取较好的经济利益，有许多地区从事农业生产的多为 60 岁以上的农民，特别是当下年青一代的农民普遍不愿意从事粮食生产而更偏向于进城务工以谋求更好的发展，造成农村青壮年劳动力的大量流失，受过高等教育的农二代也不愿再回到农村从事农业生产，这对于农业科技推广和现代农业发展十分不利。如果不通过政策引导调整这一现状，未来粮食生产人员结构的失衡问题将会更加明显。

（四）粮食生产基础设施落后

虽然国家出台的各项政策在不断强调农业基础设施建设的重要性，但目前我国粮食主产区普遍面临着基础生产设施落后，缺乏针对农业生产基础设施的长期投资等一系列问题。以河南省为例，其现有的农田水利设施普遍已经服役多年，总体完好程度不到一半，缺乏应有的修缮；每年因为旱涝灾害造成的粮食损失都在 200 万吨以上。另外，各粮食主产区关于农田水利修缮的资金来源也均不确定，部分地区甚至需要由村民自行筹集资金和人力来进行水利建设。在农田水利等基础设施的建设方面，继续政府的统一规划引导和资金支持。粮食生产是弱质产业，受自然灾害影响大，为了增强抗御自然灾害的能力，必须要搞好农田水利基础设施建设，没有完善的粮食生产基础设施，种粮收益受到影响，从而农民的种粮积极性也将受到影响。

第三节　粮食生产政策体系的改进措施

一、完善粮食生产政策的基本原则

（一）经济、社会和生态统筹兼顾的整体性原则

粮食生产具有经济和社会双重属性，因此，粮食生产体现了经济与社会的最基本结果。同时，粮食生产的必需条件是土地，土地既是粮食生产的必需条件之一，又是粮食生产活动中直接作用的对象，由此会产生生态影响。粮食生产中的经济是粮食生产的最终目标，社会是国家赋予粮食生产的社会责任，而生态是粮食生产的基础，因此，粮食生产政策要从经济、社会和生态三个方面，遵从统筹兼顾的整体性原则。

（二）短期影响与长期影响统一协调的稳定性原则

如果粮食生产政策只追求短期的较大影响，势必会增加粮食生产政策内部的实施成本，粮食生产出现难以发展的局面；而如果粮食生产政策只注重长期影响，必然会因为政策实施效果过慢，不利于整体效率的提高，同时粮食生产者也会丧失生产的积极性（吴建寨等，2013）。因此，在设计粮食生产政策时既要考虑粮食生产政策的短期影响，也要考虑粮食生产政策的长期效果，在粮食生产政策的总体框架下，协调内部各项政策，引导粮食生产发展，最终为实现政策目标在设计上提供支持。

（三）因地制宜的原则

粮食生产不仅在不同的时期面临着不同的问题，同时还存在区域的差异。我国各省经济发展不均衡，经济发达地区的农业生产水平位居其他地区前列，经济发达地区在其经济上的优势带动了该区的粮食生产。而经济较发达地区和经济欠发达地区不存在明显的经济优势，失去经济上的优势，粮食生产也失去了财政保障。这就要求我国在设计粮食生产政策时，不仅要把握住政府宏观政策的方向，同时要密切结合各经济区域的粮食生产需求，各经济区域要以当地粮食生产的需求和实际情况为基础，在国家粮食生产政策的要求下制定地方政策。在设计粮食生产政策时，不能生搬硬套其他各国的粮食生产政策体系，要结合各经济区域粮食生产的实际情况，同时各经济区域可以根据自身粮食生产的需求来制定

粮食生产政策。

（四）农民自愿与政策引导相结合

从根本上来说，粮食生产政策最终是为了保护农民的利益。然而，从事粮食生产的农民由于受自身收入水平和知识层次的限制，大部分农户对粮食生产政策缺乏必要的了解，同时在政策实施的过程中持不关心的态度。粮食生产政策的实施需要农民在自愿的前提下进行参与，特别是农业保险保费补贴政策，政府不能因为实行了一系列惠农政策就要求农民进行粮食生产，同时各项政策资金也不允许代扣代缴。因此，在粮食生产政策的实施过程中，遇到最大的难题就是这项政策的实施是否能提高粮食生产者种粮的积极性，粮食生产者的比较效益低，是制约粮食生产的最主要因素。为提高粮食生产政策对粮食生产的促进作用，我们应该在制定粮食生产政策的同时加大粮食生产政策的宣传力度，加强粮食生产者的培训力度，让多数人了解并更好地理解各项政策实施的目标，使粮食生产政策能达到其应有的效果。

（五）公平与效率原则

我国财力有限，在进行粮食生产政策的设计和调整中，粮食生产政策上的财政资金应遵循统筹规划的原则，对粮食生产政策的设计和实施应有计划、有步骤地逐渐展开，这样才有利于资金的统筹安排和集中利用，进一步保障资金的使用效率。此外，粮食生产区域之间无论在生态条件、自然资源还是社会经济发展方面都存在很大的差异，因此，在粮食生产政策设计上，要防止对有限的财政资金的平均分配和利用。在设计粮食生产政策时，不仅要依据各粮食产区对国家粮食安全所做的贡献，还要考虑到各区域的经济实力，保证粮食生产政策对粮食生产扶持的公平性。

二、完善粮食生产政策的目标定位

根据国外发达国家在粮食生产中逐渐完善的粮食生产政策，我们知道粮食生产政策的目标具有多元化及阶段性特征，粮食生产政策实施的目标可以总结为保障粮食安全、增强农业综合生产能力、提高农民收入以及实现农业生产的可持续发展。然而，粮食生产政策目标的侧重点在于对粮食生产条件、经济发展水平、财政能力等作出相应的调整。总体上说，当粮食生产率较低和粮食减产时，粮食生产政策的主要目标在于保障粮食安全和增强农业综合生产能力；当粮食产量实现了基本的供给需求甚至出现过剩，同时城乡居民收入差距明显加大时，粮食生产政策的目标在于提高农民收入；而随着经济发展水平的提升，城乡居民收入差距缩小时，粮食生产的主要目标在于如何实现农业和农村经济的可持续发展。因此，粮食生产政策的目标具有多元化和阶段性特征，可是不同的经济发展阶段粮食生产目标的侧重点会有所不同。根据对我国经济发展形势的基本判断，保障粮食安全、增强农业综合生产能力应是我国粮食生产政策在短期的主要目标；提高农业收入、缩小城乡居民收入差距应是我国粮食生产政策在中期的主要目标；而实现农业、农村经济的可持续发展则是我国粮食生产政策在长期发展中必须坚持的主要目标。

（一）增强农业综合生产能力，保障国家粮食安全

保障我国粮食安全是我国建设和谐社会和社会主义新农村的基础。我国政府将粮食安全理解为能够为我国国民提供一定数量的、结构合理以及质量符合要求的各种食物，而我国专家学者们对粮食安全进行了更深一步的理解。综合上述理解，粮食安全不仅包括数量安全，同时还包括结构和质量安全，这三者缺一不可。目前，我国粮食安全总体形势较好，粮食连续九年增产，粮食综合生产能力不断提高，粮食供需实现了基本均衡，为我国经济和社会的发展奠定了坚实的基础。可是，相比第二、第三产业，农业仍然是我国国民经济的弱势产业，并且随着我国工业化、城镇化发展的加剧，我国粮食安全面临的威胁与挑战将越来越多。第一，耕地面积逐年减少，工业化和城镇化的快速发展使得我国粮食播种面积增长的空间极为有限；第二，水资源短缺严重，自然灾害的频发严重威胁我国粮食的中长期安全；第三，供需区域性矛盾突出，粮食生产重心的北移、南方粮食生产总量的下降以及西部地区土地的贫瘠都不利于粮食生产的发展；第四，品种结构矛盾加剧，粮食品种优质率有待进一步提升，稻谷、玉米供需总量长期紧张，大豆进口依存度逐年上升，粮食品种之间以及粮食与经济作物之间存在长期的争地矛盾；第五，全球粮食供求紧张，全球粮食的产量难以满足消费者日益增长的需求，同时全球粮价逐年上涨，粮食供求呈现出长期的紧缩状态。同时，能源紧缺和油价高位加剧了粮食供给的难度。

相比发达国家，我国政府在农业上的支持力度不够，导致了农产品缺乏国家竞争力，我国农业科研的投入力度相比发达国家比较低，对农业生产政策的支持水平也远低于发达国家，在农业生产的基本设施条件上和发达国家也存在很大的差距，上述原因均导致我国农业生产的单位成本远高于发达国家。因此，我国粮食生产目前的主要目标应在于如何保证我国粮食安全（王欧等，2014）。我国中央财政应在现有的粮食生产政策基础上不断完善我国粮食生产政策，加大对粮食生产政策的支持力度，不断借鉴国际经验，探索符合我国国情的粮食生产政策支持体系，促进粮食生产的长期、稳定发展。

（二）提高农民收入水平、缩小城乡居民收入差距

农民收入水平的高低对农业的发展具有决定性的影响，我国存在的农民收入问题与我国的经济和社会的发展大局紧密相连。可是，中国城乡差距问题已成为不争的事实。李实（2005）认为，综合考虑各方面因素，我国是世界上城乡收入差距最大的国家。造成这种

局面的因素有很多，其主要因素在于我国政府对农业的不重视，中国政府和所有发展中国家对农业和农村政策的不重视态度促进了城乡收入差距，相关的政策表现在农业生产政策和偏向其他产业的财政税收政策。研究表明，对农业的不重视政策导致收入大规模地向城市转移，最终阻碍了农业和农村经济的持续发展。同时，我国长期以来实行的农业支持工业和农村支持城市的发展计划成为进一步拉大城乡差距的重要原因。2004年以来，我国连续十年发布了支持农业生产的"三农"政策，农民收入逐年增加。研究结果显示，在控制其他变量的前提下，农业建设支出占财政支出比重的增加将有利于缩小城乡收入差距。随着我国粮食连年丰收，粮食供给由不足转变为过剩，农民收入问题已成为政府和社会关注的焦点。当我国经济发展到一定的程度后，我们就必须采取措施去消除城乡收入差距。粮食生产政策的实施使得农民增收成为可能。

（三）实现农业和农村经济的可持续发展

粮食生产的自然基础是农业生态系统，它为粮食生产提供自然资源和生态环境，同时为粮食作物生产提供必要的物质循环和能量转化。然而，目前我国农业生态环境日益恶化，耕地数量逐年减少，土地退化、污染严重，粮食生产抵御自然灾害能力不强，农田水利设施老化失修，农药、化肥过量使用等，严重威胁着我国的农业生态系统。由于缺乏有效的缓解和遏制制度，我国农业生态环境每天都遭受着不同程度的破坏（谭砚文等，2014）。因此，我们必须在农业生产中实施有效的政策，比如耕地保护政策在保障土地数量的同时提高土地产出能力，农田水利设施政策提高粮食生产抵御自然灾害的能力等，促进资源环境与经济社会的协调发展。

三、粮食生产政策体系的完善方向

粮食生产政策的完善方向需要围绕粮食生产目标进行展开，粮食生产主体政策和粮食生产配套政策是构成粮食生产政策体系的两大部分。粮食生产主体政策对粮食生产构成直接的影响，而粮食生产配套政策则主要通过对粮食生产主体政策进行辅助从而发挥其相关的政策作用。

粮食生产目标的实现离不开相关手段和措施的支持，这些手段和措施实际上就是具体的粮食生产政策内容。换言之，这些手段和措施也是实现一个粮食生产政策体系的前提与保障。鉴于目前我国粮食生产政策还不够完善，不同时期的粮食生产面临着不同的问题，因此，需要对粮食生产政策进行改进和完善。

（一）短期完善方向

从短期来看，根据粮食生产政策的设计原则和目标，我国粮食生产政策的目标应该放在如何提高粮食产量上，目的是缓解粮食供求紧张的局面。但是，在追求增加粮食产量的同时，并不等于可以牺牲粮食质量。因此，必须在维持和逐渐提升粮食质量的大前提下，不断提高我国粮食产量，这是短时期我国粮食生产政策改进和完善的主要方向。具体来讲：一是耕地保护补贴政策。政府应适当地在增加耕地数量和改善耕地质量等方面加大财政力度。在这一方面，相关的政策内容可以包括改良耕地补贴政策、耕地改造政策、整治补贴政策、适合机械生产建设的补贴政策、耕地用途非法改变的经济惩罚政策、征用耕地补偿政策，等等。二是基础设施建设政策。基础设施建设政策主要是对粮食生产进行水利、电力以及生产设施等建设的财政援助。在这一方面，相关的政策主要包括小型水利设施补贴政策、大中型水利设施建设政策、农业生产性设施建设扶持政策、自然灾害防御建设政策以及生产设备购置补贴政策。三是粮食补贴政策。首先，应该规范粮食直接补贴政策。目前粮食补贴主要是通过一次性的方式打到农户银行卡上，而农户对粮食补贴的种类以及额度并不清楚，因此，在粮食补贴的发放方式上应采用更科学、更合理的方式，以便粮食生产者能更好地运用粮食补贴，从而达到降低粮食生产成本和增强粮食生产能力的目的。其次，增加粮食收入补贴政策。主要是对粮食生产者在购买生产资料上的补贴，这实际上是政策性的价格补贴政策，通过差价方式为粮食生产者提供价格补贴，目的是降低粮食生产者的生产成本，同时鼓励粮食生产者使用更优质的生产要素。四是粮食生产保险政策。主要是针对粮食生产保险方面的财政支出政策。它包括自然灾害预防保险保费补贴、灾害恢复生产性风险保障以及各种非人为减产损失保险补贴政策。五是绿色肥料使用政策。对粮食生产中使用低污染、低损害、高效率农家肥等提高财政支持，这种政策主要包括农家自制肥扶持政策、高效绿色肥补贴政策、绿色肥料生产与使用补贴政策，等等。六是高新技术推广扶持政策。对粮食生产上引进高新技术所实行的财政支持政策，主要包括引进高新技术援助政策、技术损失补贴政策、生产技术改造援助政策、新技术培训与应用政策以及奖励高新技术推广政策，等等。

（二）中期完善方向

从中期来看，粮食生产政策目标应该是粮食供求均衡，因此，在保证粮食产量稳定的前提下，提升粮食质量，增加粮食生产者收入是我国中期粮食生产政策的主要方向。具体来讲：一是实行有差别的粮食生产补贴政策。根据市场需求和国家宏观调控粮食品种的需要，在对粮食生产给予补贴时只针对某些高效用以及生产、生活所需的粮食品种，这样做的目的在于在保证财政支出稳定的条件下，间接地调整粮食品种结构，从而提高粮食品种的整体水平。实现有差别的粮食生产补贴政策将有利于粮食生产者把用于粮食生产的资金集中在提升粮食质量上，从而为增加粮食生产者的收入提供了保障。相关政策主要有特定品种、优质品种以及高产、高效粮食生产补贴政策。二是粮食生产重点品种支持政策。粮食生产重点品种支持政策实际上是实现有差别的粮食生产补贴政策的一种延伸。粮食生产重点品种具有两方面的含义：首先是指生产的粮食具有专门的用途，而这种粮食生产需要高成本，从而可能降低粮食生产者的收入，因此，多数粮农不愿意进行生产或者对这种品种的粮食种植规模不大，而这种粮食对我国经济或者居民生活都有着特殊的效用，政府可以将其视为粮食补贴的重点；其次是指处于试验阶段的粮食生产，同时这种粮食品种具有较大的推广潜力，由于受到生产条件、技术乃至生产成本等因素的限制，还没有正式进入正常的生产，政府也可以把这种粮食品种作为支持重点。粮食生产重点品种支持政策主要内容包括新品种种植补贴政策、新品种种植收入损失补贴政策以及重点生产奖励政策。三是粮食生产计划政策。政府根据每年市场和国民经济的需求在粮食生产上制订相关的计划，如果粮食生产者按照政府的计划进行生产，政府为其提供一定的政策支持。粮食生产计划主要包括奖励政策、生产补贴政策和收入补偿政策。四是粮食生产条件维修与新建政策。主要是对现有的粮食生产设施进行维修和巩固，对衰退的粮食生产设施进行建设和维护而产生的财政支出。粮食生产条件维修与新建政策有利于农业根基的巩固，符合现代农业发展的需求，它更是维系我国粮食产量、提升我国粮食质量的根本保证。粮食生产条件维修与新建政策主要包括已建成生产性基础设施的维护补贴政策、粮农维护设施奖励政策、粮农维系设施优惠政策等（钱加荣等，2015）。五是绿色生产综合政策。政府对在生产环节和生产过程中使用绿色生产要素的粮食生产者提高奖励，这种奖励的作用在短期绿色肥料使用的基础上进一步提升生态环境的质量，从而生产出优质的粮食，实现粮食生产在社会、经济和生态上的三大效益综合。绿色生产综合政策主要包括绿色生产奖励政策、绿色生产补贴政策、水土保持与优化补贴政策。

（三）长期完善方向

从长期来看，粮食生产政策目标的设定应该以粮食供给大于需求为背景条件，需要政府制定稳定粮食生产者收入的策略，通过减少粮食生产的数量来实现粮食市场的均衡。具体表现为：一是稳定粮食生产者收入政策。粮食生产供给大于需求并不是说粮食存在生产能力的风险，相反，由于粮食生产存在谷贱伤农的问题，它会降低粮食生产能力，如果政府不针对这一现象采取预防措施，那么，政府多年来为提高粮食生产而采取的粮食生产措施将付之一炬，因此，在粮食供给大于需求的条件下，要抓好粮食生产能力维持与储备工作，工作的重心要放在稳定粮食生产者收入上。生产成本由政府提供从而保障粮食生产者的粮食生产能力，生产奖励由政府和市场共同保障从而提高粮食生产者的生产积极性。二是粮食生产储备计划政策。政府根据粮食供给的具体信息而制订的粮食生产储备计划，从而减少当前粮食生产的总量，在不改变耕地用途的前提下，其目的是藏粮于地，实现生态效益增加的目的。粮食生产储备计划主要包括休耕现产政策、退耕转产政策和耕地轮流修养政策。三是粮食生产专业化政策。遵循因地制宜和效率等原则，在粮食生产政策的干预下，集中政府财政力量，对优质特产的粮食生产进行专业化发展，发展粮食生产的一区一品或者一区几品，形成不同的区域对应着不同的粮食生产格局，打破传统的粮食生产完全竞争的市场格局，生产具有质量差别的粮食市场垄断竞争形势，同时联合粮食生产储备计划政策，在保障粮食生产者收入的同时，实现我国粮食生产由数量向质量的转变，增加粮食生产的经济与社会效益。

第三章　中国的粮食价格政策

第一节　粮食价格政策演变历程

一、建国初期至改革开放前的粮食价格政策（1949～1978年）

（一）自由购销（1949～1952年）

建国初期，粮食生产条件落后，生产力水平较低，再加上抗美援朝的需要，国内粮食供求偏紧，粮食产需矛盾突出。为了恢复粮食生产，国家积极开展土地改革，让土地所有者相对均衡地获得土地，尤其满足农民拥有土地的需求，从基础上驱动土地要素边际生产力迅猛增长；开展农田水利基础设施建设，通过提高单位面积产量来增加粮食总产量，国有农场积极整合内部资源、深度挖掘内部生产潜力，非国有农场采取互助组、劳动竞赛等形式促进粮食增产。

粮食市场实行自由购销的流通政策，粮食市场经营主体多元化，个体、私营粮商和国营粮商等多种经济成分并存。政府对粮食市场调控不多，粮食价格主要由市场调节形成。私营粮食企业投机经营、囤积居奇的行为造成了粮食市场的混乱与不稳定，国内粮食价格剧烈波动。针对当时的粮食市场形势，为进一步加强和巩固国营粮食企业在市场中的地位，1950年以来，政府分别建立了中央财政部下属的粮食管理总局和中央贸易部下属的中国粮食公司，加强对全国粮食经营的管理，统一负责全国粮食的收购、分配、供应等工作，实行在国营粮食企业领导下的自由购销制度。为了进一步稳定粮食市场，1949年7月，陈云提出"抓紧征收粮食的决定"以应对粮食价格过度上涨，通过国家财政资金支出，加强公粮征收力度，开展市场收购并依靠农村合作社等组织进行委托代购以掌握粮源，拓宽渠道。同年 11 月，中央开始在全国范围内大规模征购粮食，同时还通过控制批发市场、组织直接供应、加大市场管理力度以及扩大零售区域等方式大量销售粮食，除了地方附加粮食之外，全国各地征收的粮食全部由中央统一使用，任何地方政府不得动用国家征收的公粮，城市粮食价格迅速降低。此外，为了防止粮食价格的剧烈涨跌，打击各种投机倒把活动，规范粮食市场交易，国营粮食企业采取了购销结合的方法，在同一市场、同一时间里，只能挂一个牌价（产区挂收购牌价，销区挂销售牌价），在购销经营中需掌握 5% 左右的牌价和市价之差。这些措施对于稳定市场、抑制粮价起到了一定的作用。

（二）统购统销（1953～1978 年）

新中国建设百废待兴，尤其是工业基础尤为薄弱。1953 年，我国掀起了优先发展重工业的社会主义建设高潮，实行重工业的超常规发展战略，这需要以粮食的稳定供应和产业工人的低工资为基础，需要粮食等初级农产品通过出口创汇换来工业化所需的物资和生产设备。粮食在当时是上升到政治层面的战略物资。此外，随着 1956 年对城乡社会主义改造任务的基本完成，我国建立了高度集中的计划经济体制。这些客观因素都迫使当时的粮食流通制度必须做出重大变革。

1953 年国家开始进行大规模的经济社会建设，粮食需求日益增长。虽然建国以来粮食生产恢复较快且发展较好，但由于当时粮食生产力水平低，粮食供给赶不上粮食需求，粮食供需矛盾突出。1953 年夏粮收成不好进一步加剧了粮食供给紧张。在这种情况下，1953 年 10 月 16 日，党中央发布了《关于粮食统购统销的决议》。同年 11 月 19 日，国务院发布了《关于实行粮食的计划收购和计划供应的命令》，要求自 12 月开始实施粮食统购统销，即在全国范围内实行粮食的计划收购和计划供应。这标志着长达近 30 年的粮食统购统销体制正式拉开了序幕。1955 年，国务院在总结实践经验的基础上，又出台了《市镇粮食定量供应暂行办法》和《农村粮食统购统销暂行办法》，实行中央与地方政府分工负责的粮食管理体制，强调国家严格控制粮食市场。这两个"办法"的出台，标志着我国粮食统购统销制度的基本形成，粮食统购统销更加系统化、制度化。

1955～1960 年，农村统购统销制度的核心内容是"三定政策"，即定产、定购与定销，其中，"定产"指农户粮食产量按粮田单位面积的常年产量归户计算，根据田地质量的自然条件结合其经营条件评定；"定购"是在正常年景下从农户总产量中扣除种子、口粮、饲料及公粮之后，按某种比例（一般为余粮的 80%～90%）酌定统购任务，丰产增购（增购的粮食数量不得超过农民增产部分的 40%），减产减购或免购；"定销"是根据缺粮户的用粮标准，按照何时缺粮、何时供应的原则评定供应时间和分月供应计划，按计划供应。1961~1963年，在统购政策基础上，实行粮食进口政策、超购加价或物资奖售政策，1962年，粮食进口数量达到215亿斤，粮食征购价格提高17.1%。1971~1978年，国家发布了《关于继续实行粮食征购任务"一定五年"的通知》，农户交够国家征收任务后的剩余粮食全部归自己所有，超计划部分粮食采取直接加价等方式获取。

表 3-1　1957~1978年粮食征购量及其比例

单位：千吨，%

年份	总产量	征购量	征购占比	年份	总产量	征购量	征购占比
1957	19505	4804	24.6	1968	20905	4870	23.3
1958	20000	5876	29.4	1969	21095	4668	22.1
1959	17000	6741	39.7	1970	23996	5444	22.7
1960	14350	5105	35.6	1971	25015	5302	21.2
1961	14750	4047	27.4	1972	24050	4830	20.1
1962	16000	3815	23.8	1973	26495	5612	21.2
1963	17000	4397	25.9	1974	27525	5807	21.1
1964	18750	4743	25.3	1975	28452	6086	21.4
1965	19453	4869	25.0	1976	28631	5825	20.3
1966	21400	5158	24.1	1977	28273	5662	20.0
1967	21780	4936	22.7	1978	30477	6174	20.3

资料来源：中华人民共和国农业部计划司. 中国农村经济统计大全 [M]. 北京：农业出版社，1989.

由于这一时期实行粮食统购统销政策，粮食流通与粮食生产没有直接联系，特别是自1958年农村实行人民公社制度后，粮食的所有权不属于农户，粮食价格不能发挥调节市场的作用，粮食产量的波动主要是受粮食生产政策的调整、生产组织形式的变化、自然气候环境的变化等因素的影响。而粮食收购价从1955年开始不断上升，从6.73元/百斤上升到1976年的10.63元/百斤，增长了58%；而粮食销售价格则从1955年的11.88元/百斤上升到1976年的14.1元/百斤，仅增长了18%（韩志荣，1992）。由于粮食购销价差不断扩大，除了个别年份外，政府对粮食流通的补贴逐年加大。

表 3-2 1961～1978 年粮食补贴金额

单位：亿元

年份	补贴金额	年份	补贴金额
1961	18.6	1970	24.6
1962	31.6	1971	27.3
1963	22.9	1972	30.5
1964	24.5	1973	29.8
1965	23.0	1974	33.9
1966	20.4	1975	42.9
1967	24.7	1976	51.8
1968	26.6	1977	47.7
1969	28.6	1978	31.7

资料来源：张培刚，廖丹清. 二十世纪中国粮食经济 [M]. 北京：华中科技大学出版社，2002.

二、由计划向市场转型时期的粮食价格政策（1978～2003 年）

（一）购销"双轨制"时期（1978～1997 年）

1978～1983 年期间，粮食价格体制在统购统销的大背景下进行了一定程度的改革，政府购销、行政定价仍然占主导地位，市场机制只能在小范围内开始发挥作用。1978 年，家庭联产承包责任制逐渐取代了人民公社集体劳动生产的模式，土地所有权与经营权相分离，农民成为了真正意义上的生产主体。"保证上交国家的，留足集体的，剩下的全部是自己的"这句话清晰地概括了农民的权利与义务。家庭联产承包责任制极大地调动了农民种粮的积极性。1978～1984 年的粮食流通政策基本上没有大的变化。1981 年，政府在《关于夏季粮油征购的报告》中明确规定"禁止农户节余粮食自由买卖"，也就是说，到1981 年粮食流通政策仍然是统购统销政策。1983 年，政府发布了《当前农村经济政策的若干问题》，在强调农副产品统购统销重要性的同时，也指出对农民完成统购派购任务的产品和非统购派购产品，允许多渠道经营。农户完成征购任务后的节余粮食允许上市买卖，国营粮食部门开办议购议销业务。

1985～1997 年，实行粮食价格双轨制，政府的强制性低价收购与低价定量供应与一般的市场交换并存，政府的粮食机构与非政府的流通组织并存，计划内（定购统销）与计划外（议购议销）并存。粮食双轨制始于1985 年的"合同定购"制度。80 年代初，粮食收购价格大幅度提高之后，粮食销售价格却没有相应提高，政府财政负担沉重。为了减轻财政压力并适应经济体制改革，1985 年，中共中央、国务院发布了《关于进一步活跃农村经济的十项政策》，取消粮食的统购统销，改为合同制定购，定购以外的粮食可以自由上市，实行多渠道流通，农产品经营加工、消费单位都可以直接与农民签订收购合同，同时提出了"逐步缩小合同定购数量，扩大市场议购"的方针。粮食合同收购，即 1985 年之后代表政府的国营粮食企业在播种前与农民协商签订合同，有计划地向农户收购粮食，定购粮食的数量按"量出为入，以销定购，有利于生产和流通的原则"来确定，定购粮食的价格采取"倒三七"比例价，即 30% 为统购价格，70% 为超购价格（在原统购价基础上加 50% 的价格）。在此基础上，粮食统销政策保持不变，工业用粮和生产用粮仍然平价供应。农民在完成了规定的合同定购任务后，剩余的粮食可进入市场自由交易，如果市场价格低于原统购价，则国家按照原统购价敞开收购，确保农民利益（刘颖，2007）。其中，议购是指政府对超购粮食采取议购价格从农户手中或从市场中购入，从农户手中直接购入的粮食一方面采取"倒三七"的超购价格，另一方面也可采取"议转平"来获得相应的财政补贴。从市场上购入的粮食则按市场均衡价格计算。1987 年，中央出台"粮棉三挂钩"的政策，即粮食合同定购与"供应平价化肥、柴油及发放预购定金"相挂钩，以低价方式供应农户一定数量的化肥、柴油，采取粮食预购定金办法，按收购价的 20% 预付给农民。1988 年，中央又提出"稳一块，活一块"的粮食购销"双轨制"政策，通过定购仍然保留了对部分粮食流通的控制。1990 年，国家实行粮食收购最低保护价制度和专项粮食储备制度，保护农民粮食生产积极性，防备灾荒，调剂余缺，增强宏观调控能力，保证粮食市场供应和粮价基本稳定。该时期，定购范围内由政府主导粮食价格，而在议购范围内则由市场主导粮食价格，粮食交易逐步向市场主导型转变。1991～1992 年，国家两次提高了城镇居民定量口粮的销售价格，基本上实现了粮食购销同价。

1992 年初，国务院同意各地根据当地实际情况决定放开粮价的时机和方式，部分省、自治区开始实行放开粮食购销和价格的试点工作。1993 年，国务院发布了《关于加快粮食流通体制改革的通知》，实行购销价格全面开放与收购保护价格政策，指令性合同收购变为市场收购，同时，粮食供应票证退出了历史舞台，这是维持了 30 多年的粮食统销体制的重大变革。到 1993 年底，全国除云南、甘肃两省区的 25 个县（市）以外，约有 98% 的县（市）基本上放开了粮食价格和购销。然而，1993 年底至 1995 年期间，粮食价格快速上涨，上涨幅度达到了 120%，粮食市场供应紧张。在这种形势下，1994 年政府再次暂行粮食由国家统购统销的垄断政策。同年 5 月，《国务院关于深化粮食购销改革的通知》强调国有粮食部门必须收购社会商品粮的 70% 以上，同时加强对粮食流通渠道进行整顿，加大批发市场监管力度。

为了继续加强对粮食的控制，在 1995 年的中央农村工作会议上，首次提出了"米袋子"省长负责制，实行省、自治区、直辖市政府领导负责制，将中央与地方的粮权分开，地方政府负责本地区的粮食供求总量平衡，稳定粮食面积、产量与库存，灵活运用地方粮食储备进行调节，保证粮食供应和价格稳定。为了鼓励粮食生产，1994 年和 1996 年，中央两次提高了定购价格，两次粮食提价幅度均在 40% 以上。为了减轻财政负担和保护农民利益，1997 年，中央提出深化粮食管理体制改革，实行"四分开，一并轨"的改革思路，政企分开、储备与经营分开、中央与地方责任分开、新老财务账目分开，粮食定购价格与市场价格并轨。到 1997 年底，粮食流通政策的职能已经发生转变，对粮食经济的调控由行政指令干预变为经济指导，为粮食市场化体系构建做了较充足的准备，推动粮食由半市场化向全面市场化演变。

表 3-3　1978~1997 年中国粮食市场调控主要政策改革历程

年份	政策改革	作用及意义
1978	确立家庭联产承包责任制，提高粮食收购价格	调动了农民种粮积极性，粮食产量恢复性增长
1985	取消统购，恢复粮食集市交易，确立"双轨制"	缓解国家库存压力和农民卖粮难
1990	制定国家粮食专项储备制度，组建国家粮食储备局	实现国家专项储备粮管理
1993	取消粮油票，结束价格"双轨制"	使市场机制得到充分发挥
1994	建立中央和省两级粮食市场风险基金制度，形成粮食集贸市场、批发市场和期货市场三级市场体系	为形成制度化、市场化的粮食市场调控体系奠定基础
1994	组建政策性金融机构——中国农业发展银行	对粮食收购资金实行封闭式管理
1995	提出"米袋子"省长负责制	明确中央和地方政府管理粮食的权责

资料来源：张红玉. 我国粮食补贴政策研究 [M]. 北京：立信会计出版社，2010；罗守全. 中国粮食流通政策问题研究 [D]. 首都经济贸易大学，2005.

（二）市场化改革试点时期（1998~2003 年）

1998 年，朱镕基总理将粮食流通体制改革作为经济体制改革的首要任务予以重点推进。1998 年 5 月，国务院颁下发了《关于进一步深化粮食流通体制改革的决定》，文件提出"三项政策、一项改革"的粮食流通体制改革的措施，即按保护价敞开收购余粮、实行顺价销售、收购资金封闭运行三项政策，加快粮食企业自身改革，转化经营机制，提高市场竞争力。文件的核心主要是严控收购领域，严令禁止私商和其他私营粮食企业直接到农村收购粮食，粮食收购价格由市场决定，当市场粮价高于保护价时参照市场粮价确定，当市场粮价低于保护价时则按不低于保护价的原则确定；同时，加快粮食销售领域的改革。

2000 年，国务院对严格执行的粮食收购政策进行了部分松动，允许省级工商行政管理部门审核批准的粮食经营企业可以直接到农村收购粮食，并且允许经过批准的大型用粮企业可以跨区到主产区直接收购粮食。2001 年，国务院出台了《关于进一步深化粮食流通体制改革的意见》，放开销区，保护产区，省长负责，加强调控，推动粮食市场化。该文件在原粮收购环节取消了长达几十年的国家定购任务，粮食主销区市场完全放开，价格由市场调节；同时粮食主产区继续实行"三项政策、一项改革"，按国家有关部门的要求继续按保护价收购农民余粮，以切实保护广大农民利益。

表 3-4　1998~2003 年中国粮食市场调控主要政策改革历程

年份	政策改革	作用及意义
1998	关于进一步深化粮食流通体制改革的决定	标志着粮食流通体制由计划经济向市场经济全面转轨
1998	粮食收购条例	深化"四分开、一完善"指导思想
1999	关于进一步完善粮食流通体制改革政策措施的通知	提出"三项政策、一项改革"
1999	组建国家粮食局、中国储备粮管理总公司	明确负责全国粮食流通宏观调控的部门
2000	关于部分粮食品种退出保护价收购范围有关问题的通知、关于进一步完善粮食生产和流通有关政策的通知	提出了推进粮改的新政策措施
2001	关于进一步深化粮食流通体制改革的意见	提出深化改革"放开销区、保护产区、省长负责、加强调控"的总体思路
2002	关于加快国有粮食购销企业改革的意见	加快国有粮食购销企业改革

资料来源：张红玉. 我国粮食补贴政策研究［M］. 北京：立信会计出版社，2010；罗守全. 中国粮食流通政策问题研究［D］. 首都经济贸易大学，2005.

三、市场化改革稳步推进时期的粮食价格政策（2004 年以来）

2004 年是我国粮食市场调控具有划时代意义的一年，当年出台的《关于进一步深化粮食流通体制改革的决定》及《粮食流通管理条例》标志着粮食收购市场和收购价格的全面放开。前者在完善政策的基础上，全面放开粮食收购市场，粮食收购价格取决于市场供求，国家在此基础上实行宏观调控，开启了粮食市场调控新阶段。此后，在粮食供求变化较大时，为保护农户利益，保证粮食市场正常运行，相继出台了粮食最低收购价、临时收储、粮食竞价销售等一系列粮食流通政策。

表 3-5　2004 年以来中国粮食市场调控政策改革历程

年份	标志性事件	内容
2004	关于进一步深化粮食流通体制改革的意见和粮食流通管理条例	全面推行粮食直接补贴政策，明确将粮农增收作为政策目标之一
2007	关于做好 2007 年种粮农民农资综合直补工作的通知	鼓励多种粮、多调粮、产好粮，促进粮食生产和农民增收
2008	中共中央国务院关于切实加强农业基础建设进一步促进农业发展农民增收的若干意见	加快构建强化农业基础的长效机制，切实保障主要农产品供给
2009	中共中央国务院关于 2009 年促进农业稳定发展农民持续增收的若干意见	提出 28 点措施促进农业发展与农民增收
2010	中共中央国务院关于加大统筹城乡发展力度进一步夯实农业农村发展基础的若干意见	稳粮保供给、增收惠民生、改革促统筹、强基增后劲
2011	中共中央国务院关于加快水利改革发展的决定	力争通过 5~10 年的努力，从根本上扭转水利建设明显滞后的局面
2012	关于加快推进农业科技创新持续增强农产品供给保障能力的若干意见	加快推进农业科技创新、持续增强农产品供给保障能力
2014	关于全面深化农村改革加快推进农业现代化的若干意见	完善农产品价格形成机制，逐步建立农产品目标价格制度
2015	中共中央国务院关于推进价格机制改革的若干意见	进一步完善农产品价格形成机制，注重发挥市场形成价格的作用
2016	关于建立玉米生产者补贴制度的实施意见	根据"市场定价、价补分离"原则，建立玉米生产者补贴制度

资料来源：根据各年份中央一号文件及相关会议整理。

　　粮食最低收购价是新一轮粮食市场调控政策改革的重要措施之一，也是我国当时粮食价格政策的主要调节手段。2005 年，国家在南方部分地区首次启动了关于稻谷的最低收购价执行预案；2006 年，在小麦主产区再次启动了小麦的最低收购价执行预案；2007 年底，国家在黑龙江省的一些地区启动了粳稻的最低收购价执行预案，而对于市场价格高于最低收购价格的粮食品种则无须启动最低收购价。也就是说，2004 年以来，国家主要针对稻谷和小麦两个品种实行最低收购价政策。不同于保护价政策，粮食最低收购价政策是建立在放开收购价格、主体多元化、市场充分竞争的市场机制基础上，由国家指定的粮企入市收购并由收购企业进行销售的政策措施，当市场价格高于最低收购价格时则停止收购，国家按有关规定采取补贴等方式处理粮企高进低出的亏损。该项政策实施以来，在保护和调动农民种粮积极性、实现农民增收和确保国家粮食安全等方面取得了显著效果。2009 年以来，随着国内外粮食市场形势的变化，主要粮食品种价格波动较大，国家对最低收购价政策也进行了相应调整。一是扩大了收购区域，早籼稻最低收购价政策执行区域由原来的 4

省增加为江西、湖南、湖北、安徽和广西 5 省区，中晚稻则由原来的 7 个省份增加为 11 个省（区）。二是为进一步提高农民的种粮积极性，国家将政策的发布时间提前了 1 个月，政策的执行时间延长。三是为了有效保护农民种粮积极性及其收益，最低收购价逐年上升。四是为了给各类市场主体创造一个可以预期的市场环境托市收购，最低收购价预案启动期间，原则上停止中央和地方储备销售粮食。

表 3 - 6 2004 年以来中国最低收购价调整情况

单位：元/千克

年份	早籼稻	中晚籼稻	粳稻	白小麦	红小麦	混合麦
2004	1.40	1.44	1.50	—	—	—
2005	1.40	1.44	1.50	—	—	—
2006	1.40	1.44	1.50	1.44	1.38	1.38
2007	1.40	1.44	1.50	1.44	1.38	1.38
2008	1.50	1.52	1.58	1.50	1.40	1.40
2009	1.80	1.84	1.90	1.74	1.66	1.66
2010	1.86	1.94	2.10	1.80	1.72	1.72
2011	2.04	2.14	2.56	1.90	1.86	1.86

资料来源：国家发改委官网。

随着国际农产品价格的大幅度下跌，为了稳定国内市场及国产玉米和大豆收购价格，2008 年，国家出台了临时收储政策，首次在东三省和内蒙古自治区开始实行。2009 年，国家继续在东北地区实行玉米临时收储政策，增加收购主体、实行敞开收购并对执行政策性收购的粮食企业给予补贴。临时收储政策对稳定市场和保护农民收益起到了一定的积极作用，但与此同时，在政策的执行过程中也出现了一系列问题，该政策不仅影响了市场机制发挥作用，而且政策的实施使主产区前期价格回升较快，而销区价格仍较低，临时收储的玉米和大豆顺价销售困难。

竞价销售政策是与最低收购价和临时收储政策相配套实施的调控政策。2004 年，《粮食流通管理条例》指出："国家实行中央和地方分级粮食储备制度。粮食储备用于调节粮食供求，稳定粮食市场，以及应对重大自然灾害或者其他突发事件等情况。" 2006 年，《国家临时存储粮食销售办法》中提出竞价销售政策，即临时存储粮食竞价销售底价由财政部原则上按照最低收购价加收购费用及其他必要费用确定。国家收储结束后，收购的小麦、稻谷、玉米和大豆在批发市场上择机销售，销售方式主要采取竞价销售和跨省移库两种方式适时适量投放市场，销售时机主要由国内供求和价格波动情况决定，实际交易价格不得低于公布的销售底价。粮食竞价销售政策对保障供给、稳定市场、满足需求发挥了重要作用。

持续多年的粮食最低收购价政策和临时收储政策存在定价不合理、扰乱市场机制、国家财政负担重、农民难以完全享受到最低收购价政策带来的实惠等问题。基于此，2014年1月，中共中央、国务院印发了《关于全面深化农村改革加快推进农业现代化的若干意见》，强调完善粮食等重要农产品价格形成机制，探索推进农产品价格形成机制与政府补贴脱钩的改革，逐步建立农产品目标价格制度。目标价格政策是在市场形成农产品价格的基础上，通过差价补贴保护生产者利益的一项农业支持政策。实行目标价格政策后，取消临时收储政策，生产者按市场价格出售农产品。当市场价格高于目标价格时，补贴低收入消费者；当市场价格低于目标价格时，根据目标价格与市场价格的差价和种植面积、产量或销售量等因素，按差价补贴生产者。2014年，启动东北和内蒙古大豆、新疆棉花目标价格补贴试点，继续执行稻谷、小麦最低收购价政策和玉米、油菜籽的临时收储政策。2015年，《中共中央国务院关于推进价格机制改革的若干意见》指出，要进一步完善农产品价格形成机制，注重发挥市场形成价格作用；继续执行并完善稻谷、小麦最低收购价政策，改革完善玉米收储制度，继续实施大豆目标价格改革试点，完善补贴发放办法。2016年，《关于建立玉米生产者补贴制度的实施意见》明确指出，根据"市场定价、价补分离"的原则，在东三省和内蒙古自治区建立玉米生产者补贴制度，坚持"定额补贴、调整结构"，同时鼓励地方将补贴资金向优势产区集中，保障优势产区玉米种植收益的稳定。

第二节　粮食价格变动、调控及其主要问题

一、粮食价格变动基本情况

第一阶段的波动上涨期（1978～1984年）：我国粮食价格在波动中不断上涨。1978～1979年，中国正处于改革开放的初期，中央提高了粮食收购价格，稻谷、小麦和玉米的平均收购价格大幅度上升，粮食统购价格和超购价格也相应上升。粮食价格的上升极大地激发了农民的种粮积极性，有效地提高了粮食产量，缓解了当时粮食供求紧张的局面。1980～1984年，粮食价格逐年稳步上涨，只是价格波动相对平缓。总体来看，该阶段我国粮食流

通仍以统购统销体制为主，与此同时，集贸市场开始涌现，多余的粮食可以在市场上自由交易。

表3-7　1978~1984年我国主要粮食作物收购价格指数（上年=100）

年份	稻谷	小麦	玉米	粮食
1978	100.0	100.0	100.0	100.7
1979	130.2	131.1	130.0	130.5
1980	107.8	107.8	107.8	107.9
1981	105.2	105.2	105.2	109.7
1982	100.8	103.8	103.8	103.8
1983	110.2	110.2	110.2	110.3
1984	100.0	100.6	100.0	112.0

资料来源：国家统计局农村社会经济调查司. 中国农产品价格调查年鉴 [M]. 北京：中国统计出版社，历年.

第二阶段的快速上涨期（1985~1989年）：该阶段国家取消了粮食统购统销制度，并开始实行粮食定购和粮食议购"双轨制"，对于主要粮食作物按照合同定购，合同定购价格按30%的原统购价格和70%的超购价格进行计算。粮食合同定购降低了粮食收购价格，在一定程度上打击了农民的种粮积极性并抑制了粮食产量的增长，因此该阶段粮食价格不断上涨，且上涨幅度逐年加大。

表3-8　1985~1989年我国主要粮食作物收购价格指数（上年=100）

年份	稻谷	小麦	玉米	粮食
1985	102.0	100.1	101.9	101.8
1986	106.3	104.3	115.5	109.9
1987	113.2	103.4	104.1	108.0
1988	119.8	115.2	104.7	114.6
1989	130.7	121.9	131.8	126.9

资料来源：国家统计局农村社会经济调查司. 中国农产品价格调查年鉴 [M]. 北京：中国统计出版社，历年.

第三阶段的徘徊波动期（1990~2000年）：该阶段是我国粮食流通体制由"双轨制"向市场化转变的最初阶段，1993年放开粮食价格管制，1994年提高主要粮食作物的收购价格，1995年实行"米袋子"省长负责制，1996年再次提高了主要粮食作物的平均收购价格。因此，我国主要粮食作物价格从 1990 年至 1996 年期间连续七年不断上涨，特别是 1994 年，粮食价格环比上涨近 50 个百分点。1997~1999 年我国粮食产量大幅度提高，粮食供大于求，导致粮食价格在接下来的四年里持续下降，到 2000 年，粮食价格跌入了低谷。

表 3-9　1990~2000 年我国主要粮食作物收购价格指数（上年 = 100）

年份	1990	1991	1992	1993	1994	1995	1996	1997	1998	1999	2000
粮食	93.2	93.8	105.3	116.7	146.6	129.0	105.8	90.2	96.7	87.1	90.2
稻谷	92.6	95.9	97.4	124.6	154.0	120.8	104.2	88.2	96.7	87.7	90.2
小麦	92.0	94.2	110.1	105.4	152.2	133.1	109.2	89.0	95.8	88.9	81.8
玉米	97.6	88.2	108.2	119.2	151.3	140.9	95.4	94.2	101.9	86.3	89.9

资料来源：国家统计局农村社会经济调查司. 中国农产品价格调查年鉴［M］. 北京：中国统计出版社，历年.

第四阶段的恢复性上涨期（2001~2005 年）：由于上一时期粮食价格持续低迷，2000 年我国发生了自 1991 年以来最大的一次减产，粮食产量大幅度下降。为了保障粮食安全，国家又一次提高了粮食收购价格，2001 年起粮食价格开始上涨，2002 年小幅度下降，2003 年开始继续回升，2004 年粮食价格的上涨幅度达到最高值。

表 3-10　2001~2005 年我国主要粮食作物收购价格指数（上年 = 100）

年份	稻谷	小麦	玉米	粮食
2001	103.9	99.2	112.9	107.6
2002	97.17	98.14	91.5	96.16
2003	99.89	102.99	104.58	104.48
2004	136.30	131.16	116.92	126.21
2005	101.57	96.41	97.97	99.08

资料来源：国家统计局农村社会经济调查司. 中国农产品价格调查年鉴［M］. 北京：中国统计出版社，历年.

第五阶段的稳定上涨期（2006~2014 年）：随着人们收入水平的提高，城乡居民消费结构发生了显著改变，对饲料粮和工业用粮的需求不断增加，导致粮食总需求快速增长，推动粮食价格上涨。此外，为了保障粮食安全，保护农民收益，一些政策性因素也可能会导致粮食价格不断上涨。但是，自 2015 年以来，除稻谷以外，小麦和玉米价格已经有所下降。

表 3-11　2006~2015 年我国主要粮食作物生产价格指数（上年 =100）

年份	稻谷	小麦	玉米	年份	稻谷	小麦	玉米
2006	102.02	100.07	103.02	2011	113.28	105.18	109.89
2007	105.43	105.50	115.04	2012	104.09	102.86	106.6
2008	106.60	108.67	107.32	2013	102.23	106.73	100.2
2009	105.24	107.86	98.52	2014	102.18	105.09	101.74
2010	112.82	107.86	116.07	2015	101.57	99.23	96.46

注：2000 年及以前的粮食生产价格指数称为粮食收购价格指数。

资料来源：中经网统计数据库。

二、粮食价格波动主要影响因素

（一）人口数量持续增长

人口数量对粮食价格的影响主要是通过影响粮食消费需求来实现。人口的增加可能会致使粮食消费需求增加，如果人均粮食消费需求量没有变化，需求的增加就可能会导致粮食价格上涨。截至 2015 年，我国人口总量达到 13.75 亿，尽管我国已经实行了多年的计划生育政策，人口自然增长率也有所降低，但是由于人口基数较大，我国每年新增人口数量仍然十分庞大。如果人均粮食消费量没有变化，那么，人口数量的增加必然导致粮食消费需求的增加。由于粮食需求价格弹性较小，如果粮食需求的增加没有供应上的补偿或政策上的扶持，那么其结果必将导致我国粮食价格不断上涨。

表 3-12　我国人口数量及自然增长率

年份	常住人口数（万人）	流动人口数（亿人）	出生率（‰）	死亡率（‰）	自然增长率（‰）
2000	126743	1.21	14.03	6.45	7.58
2005	130756	1.47	12.4	6.51	5.89
2010	134091	2.21	11.9	7.11	4.79
2011	134735	2.3	11.93	7.14	4.79
2012	135404	2.36	12.1	7.15	4.95
2013	136072	2.45	12.08	7.16	4.92
2014	136782	2.53	12.37	7.16	5.21
2015	137462	2.47	12.07	7.11	4.96

资料来源：中经网统计数据库。

（二）居民收入水平不断提高

随着我国经济的快速发展以及城乡居民收入水平的不断提高，我国居民粮食消费结构发生了重大变化。城乡居民收入水平的提高直接促进了我国粮食消费结构升级并带来了粮食消费的新需求。居民在基本粮食消费需求得到满足的情况下，必然会进一步改善饮食结构，粮食消费方式也将由传统的直接粮食消费转向间接粮食消费，由追求数量转向追求质量。近年来，我国城乡居民人均口粮消费呈不断下降的趋势，而猪牛羊肉、家禽、蛋、奶、加工食品的消费量则不断增加，居民膳食结构的改善使得我国饲料用粮与工业用粮的需求持续增长，最终影响粮食需求总量，这必然导致粮食价格的同步上涨。

（三）粮食产量增长潜力有限

在物质投入不变的情况下，粮食产量主要取决于耕地面积和单位面积产量。随着工业化、城镇化的快速推进，我国优质耕地资源逐渐减少，人多地少的矛盾日益突出，人均耕地资源相对短缺且土地细碎化制约了粮食生产潜力。农业基础设施、社会化服务等还存在不少薄弱环节，粮食生产面临的自然风险、技术风险和市场风险都不可低估。另外，近年来农业生产资料需求增加，中国农资市场上主要农业生产资料的价格普遍上涨，粮食生产比较收益降低。在农业经营模式上，长期的分散经营模式导致农户市场主体作用发挥受阻，农民在生产资料和粮食价格两方面都处于价格接受者地位，这将进一步制约粮食产量的增长。而粮食产量直接影响粮食供给量，进而影响我国粮食价格。

（四）粮食生产成本持续上升

粮食生产成本主要包括粮食生产物资生产费用和人工费用。在物资生产费用中，农业生产资料的投入对于粮食单产具有重要作用，在一定范围内，化肥、农药、石油等生产物资投入的增加会促进粮食单产的提高，即投入越多，单产越高。农业生产资料是农民增产增收的重要基础，也是稳定粮食价格的重要基础。2003年以来，国际能源等原材料价格大幅度上涨，直接带动了农业生产资料价格的上涨，再加上人工费用的上涨，使得粮食生产成本居高不下，这必然会加大农民的种粮成本，进而影响粮食生产资料的投入，最终可能导致粮食产量的下降并引起粮食价格的飞速上涨。

（五）粮食政策对粮食价格的影响

国家在粮食主产区实行的临时收储、最低收购价等政策对粮食市场价格的稳定具有重要的作用。我国粮食收购价格会影响到农民种粮的预期收益，这种预期收益又会直接影响到农民的种植决策行为，进而影响到粮食种植面积以及产量，最后必然有可能会影响到粮食市场价格。近年来，为了保障粮食增产、农民增收，粮食收购价格稳步提高，但这并不会导致我国粮食价格水平的显著上涨。政府会根据粮食市场运行状况，利用粮食储备适时吞吐粮食来稳定粮食价格波动。例如，在国际市场粮食价格大幅度上涨时，政府适时增加粮食投放数量，满足粮食市场需求，防止国内粮食市场价格上涨。粮食临时收储、最低收购价政策是影响粮食价格的最重要的因素，改革开放以来，我国粮食收购价格与粮食零售价格在变化趋势上趋于一致。而2014年目标价格改革以来，政府更加注重发挥市场形成价格作用，市场调节粮食价格的能力不断增强。

（六）国际粮价的传导作用

粮食价格与粮食生产以及粮食贸易密切相关，国际粮食价格直接影响我国粮食价格。从国际市场上看，国际粮食生产影响国际粮食价格，而国际粮食市场的价格波动主要通过价格传导机制影响国内粮食市场，进而出现了国际粮食市场与国内粮食市场价格同步波动的现象。在开放的市场上，当国内粮食价格低于国际粮食价格时，国际对国内粮食的需求量增大，国内粮食出口量增加，从而使国内粮食价格上涨；当国内粮食价格高于国际粮食价格时，国内对国际市场的粮食需求量上升，进口增加，国内粮食市场价格下降。

专栏3-1：国际粮食市场价格对于国内市场价格的传导效应

与1996年同期相比，2001年国际市场上大米、玉米和大豆价格分别下降了49.6%、45.8%和37.4%；同期国内市场上大米、玉米和大豆价格分别下降了35.4%、28.5%和25%。2002年以后，粮食产量呈现下滑趋势，使得这一期间的全球粮食价格呈现整体上升态势。与2001年同期相比，2004年国际市场上大米、面粉、玉米和大豆价格分别上涨了37.9%、24.4%、24.8%和59.7%；同期国内市场上大米、面粉、玉米和大豆价格分别上涨了50.5%、30.5%、21.5%和53.1%。2005年以后，国际和国内粮食市场价格剧烈攀升，和2005年相比，2008年国际市场上大米、面粉、玉米和大豆价格分别上涨了141.1%、119.5%、124.7%和99.1%，随着世界经济的恢复增长，各国对粮食产品的需求也不断上升，同期国内市场上大米、面粉、玉米和大豆价格分别上涨了21.7%、17.9%、36.7%和73.1%。通过上述分析可知，国际粮食市场价格对于国内市场价格具有传导效应，且表现出一定的特征：当国际、国内粮食市场价格同时下降时，二者下降幅度接近；当国际、国内粮食市场价格同时上升时，国际粮食价格上升幅度大于国内粮食价格上升幅度。这是因为国际粮食市场影响因素更多，波动更加剧烈，国内粮食市场影响因素略少于国际市场，政府的宏观调控也比较得力，在一定程度上降低了价格波动幅度。

资料来源：王淑艳. 我国粮食价格波动因素分析与预测研究［D］. 东北农业大学，2013.

三、粮食价格调控及其主要问题

为了保障粮食生产者的最低收入并稳定粮源，2005 年至今，我国粮食流通体制实行"放开销区、保护产区"的"双轨制"政策。面对粮食价格的大幅度波动，我国政府从生产、流通、进出口等方面采取了一系列措施来进行调控，并取得了明显的成效，但与此同时也存在诸多问题。

第一，现有的粮食价格调控政策打破了市场价格形成机制。政府定价的方式扭曲了粮食价格形成机制，全国粮食市场分割，现有的粮食价格并不能准确地反映粮食市场供求的变化，其对粮食生产和流通的调节指导作用也极为有限，而且最低收购价政策呈现刚性化趋向，推动国内粮食市场价格逐年上升，并将成本向产业链下游传导，不仅无法形成市场价格机制，还造成了政府财政负担和粮食仓储压力，更不利于农业生产经营方式转型和技术进步。

第二，价格管制可能会降低经济效率。在大多数市场经济中，无论有无正式的配给制，无论价格管制最初对消费者如何有利，该政策是对粮食市场均衡价格形成机制的一种扭曲性的干预，实施价格管制最终有可能会产生效率损失。在我国粮食市场中，当最低收购价格高于市场均衡价格时，政府库存数量将不断增加，一方面，由于粮食价格较高将导致部分粮食不能被用于生产，从而引起粮食经济效率损失；另一方面，消费者剩余减少并相应地转化为生产者剩余，形成粮农收入效应，刺激更多地生产粮食，引发农业生产资料更多地流向粮食生产，进一步加大粮食经济效率损失。最低政策价格不是市场真实价格的反映，如果将其视作一种市场价格，也只能看作扭曲的市场价格，扭曲价格必然向生产者传送虚假的信号，最终导致资源调控失衡，降低经济效率（尹义坤，2010）。

第三，粮食价格调控成本日益上升。粮食最低收购价与粮食保护价没有实质性区别，两者均面临成本上升的问题。根据稻谷和小麦的最低收购价预案规定，政府每年都将向收储企业支付大量的收购费用和保管费用。大量的资金补贴到粮食流通环节，不仅不利于补贴效率的提高，政府还要承担补贴费用以及最低收购价粮食销售亏损费用。此外，随着收购粮食数量的逐年增加，粮食库容紧张问题也日益凸显，政策执行成本越来越高。

第三节 粮食价格支持政策改革

一、粮食价格支持政策改革思路

（一）推进粮食价格支持政策向直接补贴政策转型

完善粮食价格市场形成机制就要建立与粮价政策改革配套的新型粮食调控体系，推动政策从目前的以价格支持直接干预为主导的"增产取向"，向以价补分离、市场机制为基础的"供求基本平衡"转型，逐步形成以政策补贴为基础，预期引导、风险管理、储备调控、贸易补充等工具相结合的新型调控体系。农业生产支持政策主要有价格支持政策和直接补贴政策两种，前者主要通过价格政策、市场干预等方式补贴农民、农产品，后者是与农产品质量、农产品价格、种植面积、产量、生产成本等挂钩或不挂钩的直接补贴。从欧美等发达国家农业补贴政策的实施和改革经验来看，价格支持政策指向明确、操作简单、作用直接，但同时也存在扭曲市场、产生经济效率损失等问题。直接补贴是按照一定标准和条件直接给予农民的补贴，更有利于理顺农产品价格市场形成机制，发挥市场配置资源的决定性作用。我国也面临着同样的问题，因此，现阶段逐步取消具有生产刺激作用的价格支持政策，逐步推进粮食价格支持政策向直接补贴政策转型，对于完善我国粮食价格形成机制具有重要意义。

（二）推进粮食价格形成机制与政府补贴脱钩

积极稳妥推进"目标价格补贴"等政策试点，推进粮食价格形成机制与政府补贴脱钩。粮食价格支持政策改革必须"试点先行、稳步推进"。现阶段主要通过大豆、棉花试点，推行目标价格补贴、目标价格保险、粮食生产规模经营主体营销贷款等挂钩直接补贴，逐步替代现行临时收储措施，积累经验，再逐步推广应用到其他农产品品种。政策调整后，一是对主要粮食品种采取最低保障临时收储作为市场调控措施，解决农民卖粮难，为农民卖粮提供基本保障，同时，最低保障临储价格要能够与进口替代产品的价格竞争；二是配套实施"种粮收益补贴"，主要用于补偿粮食价格政策改革对农民收益的影响，该补贴不与具体粮食品种挂钩，任何粮食品种均有获得补贴的权利，有效保护农民种粮积极性。

（三）完善小麦、水稻等口粮品种的价格支持政策

粮食价格支持政策改革应按照"先试点，后推行"的原则进行，在试点取得成功的基础上再循序渐进地推进小麦、水稻等口粮品种的价格支持政策改革。现阶段，我国粮食价格支持政策改革还处于试点时期，政策设计、改革办法还不够成熟、不够完善，我国尚不具备对小麦、水稻等口粮品种进行价格改革的条件。为稳定粮食市场并保障农民的种粮积极性，小麦、稻谷最低收购价政策仍然会继续实施，同时，政府还应进一步调整完善现行价格支持政策，减少现有政策对市场的干预和扭曲，为接下来的粮食价格支持政策改革打好基础。

二、粮食价格支持政策改革取向

（一）确保国家粮食安全

粮食价格支持政策改革的核心目标是保障粮食安全，确保粮食供给和粮价平稳。2014年，中央经济工作会议、中央一号文件指出，要切实保障国家粮食安全，实施"以我为主、立足国内、确保产能、适度进口、科技支撑"的国家粮食安全战略，进一步明确新形势下国家粮食安全的保障重点，要依靠自己保口粮，集中国内资源保重点，做到谷物基本自给、口粮绝对安全，把饭碗牢牢端在自己手上。"立足国内"，即确保谷物基本自给、口粮绝对安全，同时要求在重视粮食数量的同时，更加注重品质和质量安全，在保障当期供给的同时，更加注重农业可持续发展。此外，降低粮食市场价格波动风险、维持粮食市场价格的相对稳定性也是粮食价格支持政策目标取向的重要组成部分。

（二）完善粮食价格形成机制

实行粮食目标价格政策，探索推进粮食价格形成机制与政府补贴脱钩的改革，其目的在于重构以市场导向为基础的种粮利益保护机制，探索价补分离，既能发挥市场决定性作用，又能合理补贴种粮农民利益。政府不干预市场，市场在资源配置中起决定性作用，粮食价格在市场供求中自然形成，目标价格只在市场价格对种粮农民收益造成影响时发挥作用，它直接与粮食的种植面积、产量、销售量挂钩，并直接补贴给农民，减少了补贴的中间环节，提高了补贴的效率和精准度，既有利于解决国内粮食价格倒挂等基本问题，也有利于充分发挥市场的调节作用，推进完善粮食等重要农产品价格形成机制。

（三）保障农民种粮积极性

粮食价格支持政策改革必须始终以保护和调动农民种粮积极性以及促进农业可持续发展为根本出发点，这是不可突破的底线。保障农民种粮积极性就是要保障农民种粮收益。

粮食生产不仅具有周期性、风险性和弱质性，且比较收益较低。粮食价格支持政策应统筹考虑种粮农民增产增收问题，才能有效保障农民的种粮积极性。当粮食市场行情较好时，注重发挥市场配置资源的决定性作用，坚持市场定价原则，让农民自主销售，有利于保障农民享受市场的红利；当市场行情不好时，通过目标价格政策，种粮农民能够得到合理补贴，也能保证基本收益。

三、粮食价格支持政策改革路径

（一）逐步退出粮价支持

按照"定向施策、价补分离，创新调控、综合配套"的思路，逐步退出粮价支持。首先，玉米全面取消临时收储，实施市场化收购，小麦、水稻分阶段退出价格支持，逐年减少市场扭曲效应。其次，政策调整到位后就不再保留具有生产刺激作用的价格支持政策，对重点粮食品种采取托底收购政策，充分发挥市场价格信号的作用。其中，托底收购政策主要是解决农民卖粮难的问题，其价格必须随行就市，这既可以弥补农民种粮的大部分成本，还可以理顺国内外以及上下游价格关系。此外，粮食托底收购政策的实施既要充分考虑种粮成本、进口产品竞争等因素，也要考虑不同粮食品种之间的比较收益问题，避免出现结构性失衡问题。

（二）实施种粮收益补贴

配套实施种粮农民收益补贴政策，以补偿粮价改革对农民收益的影响，有效保护农民种粮积极性。该政策不与具体粮食品种挂钩，任何粮食品种均有获得补贴的权利。第一种方式是按面积进行补贴，根据改革过程中粮食价格下降后种粮收益减少的情况确定单位面积补贴标准，并随之逐年提高补贴标准，谁种补谁，此后种粮收益补贴标准可根据粮食供求状况以及调控总体要求进行调整。第二种方式是实行粮农收入保险，通过保险机制来发放补贴，规避国际规则的约束，即农民按平均单产和目标价格估计卖粮收入，并向保险公司投保，国家给农民一定比例的保费补贴。

（三）创新粮食市场调控机制

在退出粮食价格支持的同时，必须抓紧建立与粮食价格支持政策改革配套的新型粮食调控体系，推动政策从以价格支持直接干预为主导的"增产取向"，向以"价补分离、市场机制"为基础的"竞争力导向"转型，逐步形成以政策补贴为基础，与预期引导、风险管理、储备调控、贸易补充等工具相结合的新型调控体系。一是实施粮食产能补贴，通过提供收益补偿，引导农民对耕地轮作休耕，退出超载粮食产能，促进粮食结构调整，推进农业生态修复、环境保护，增强农业可持续发展能力。二是建立预期管理机制，确定粮食价格改革、相关配套政策措施及详细政策方案和措施，通过多种途径对外发文发声，有效引导社会预期，确保政策能够扎扎实实落实到位。三是加强粮食市场风险管理，加快推出农业保险产品，有效分散农业风险。四是新设粮食调控储备，粮价政策改革到位后，对主要粮食品种实施托底收购政策，解决农民卖粮难，同时可将收储的部分粮食高抛低吸、调峰填谷，维护粮食市场的稳定。五是严厉打击走私，多措并举防控走私产品对粮价政策改革的冲击，有效调控粮食进口。

第四章　中国的粮食流通政策

第一节　粮食流通体制改革政策

回顾中国粮食流通体制改革历程，首先，从收购环节进行改革（"统购"向"双轨制"转变）和粮食流通环节进行改革："两条线运行"（将政策性业务与经营性业务分开），逐步理顺购销价格。其次，从销区逐步放开购销市场，"抓产区、放销区"。最后，全面放开方案购销市场，基本完成市场化改革。

一、"统购统销"制度

建国初期，在粮食供给极度紧张的情况下，由于各种原因和潜在不利的因素，国内不少地区出现成千上万人排队抢购粮食风波，甚至发生混乱。当时国家粮食购少销多，市场供应严重脱节，形势日趋紧张。在这样的背景下，政务院副总理兼国家财经委员会主任陈云受中共中央和政务院的委托，对当时粮食问题和粮食工作及面临的形势进行了周密的研究和调研，提出了应对策略。中共中央于1953年10月16日做出《关于实行粮食计划收购与计划供应的决议》（以下简称《决议》）。11月13日中央人民政府政务院颁发了《关于实行粮食计划收购和计划供应的命令》（以下简称《命令》），全国除西藏、台湾外，从11月23日起正式实施。《命令》规定："生产粮食的农民应按规定的收购粮种、收购价格和收购计划的分配数量将余粮售给国家。"粮食统购统销政策实施后，由国家严格地控制了粮食市场。粮食统购统销实行了"统一管理，统一指挥，统一调度"的粮食管理体制（孙继增，2009）。

《关于实行粮食的计划收购与计划供应的决议》与《关于实行粮食计划收

应的命令》标志着我国传统的粮食流通体制开始构建。从 1953 年 12 月起，我国的粮食购销开始由国家垄断，为了使这种国家垄断政策得以顺利实施，全国上下逐渐建立起了既行使政府行政职能，又代表国家从事粮食计划购销活动的国营粮食系统。在 1953 ~ 1979 年的 27 年中，国营粮食系统在组织与机构上迅速膨胀、在制度与政策上逐渐调适与定型，从而形成了一种稳定性极高、缓冲性极强的粮食流通体制（曹宝明，2010）。

传统粮食流通体制运作的基本原理是由政企合一的国营粮食系统在垄断粮食收购、储存、运输、加工、销售业务的同时实现粮食的计划配给，进而强制实现粮食供求的总量平衡、结构平衡及区际平衡。概括地说，传统粮食流通体制表现为两大基本特征：高度的计划性与极强的垄断性。

二、计划为主、市场调节为辅阶段

1979 ~ 1984 年，粮食流通部门的主要任务是配合农村改革，增加农民收益，以调动农民从事粮食生产的积极性。这一时期的理论背景是"计划经济为主、市场调节为辅"。粮食流通政策仅仅是对收购制度的部分调整，具体内容包括四个方面：①逐步提高了国家计划收购（统购和派购）的粮食价格；②适当缩减了统购、派购的数量；③实行了超购加价制度，即农民售粮超过统购计划的部分加价 50%；④适当放宽了粮食集市贸易。严格地说，这一时期的粮食政策调整还不能算是真正的粮食流通体制改革，在市场化进程方面有所进展的仅仅是适当放宽（而不是完全开放）了粮食集市贸易，至于传统粮食流通体制的两大特征则基本上未有撼动。但是，1984 年的粮食大丰收第一次撞击了固步自封、效率低下的国营粮食部门，从而引发了 1985 ~ 1988 年的改革。

在这一阶段，国家肯定了市场调节存在的必要性和积极性，明确了城乡集市贸易的合法地位。开始实行多种经济成分、多种经营方式并存、多渠道流通、少环节的"三多一少"的农产品流通体制，改变了长期以来国有粮食部门独家经营粮食的格局，提高了粮食收购价格（31 个粮食品种综合提价 21.65%）和实行超购部分加价。恢复和发展了集市贸易，允许农民将完成国家定购、超购任务之后的余粮和小杂粮进入集市买卖，政府开展议价收购。长期实行的统一收购、统一销售、统一调拨、统一库存的"四统一"粮食管理体制改为收购、销售、调拨对各省包干。这一阶段的改革措施活跃了粮食流通，增加了农民种粮收入，刺激了农业发展（卢彦超，2010）。

三、粮食流通双轨制阶段

1982 年到 1984 年连续 3 年我国粮食增产，供求关系发生变化，粮食价格逐步走低，出现了购销价格倒挂现象，超购部分的加价使各级财政不堪重负。所以，1984 年国家决定，自 1985 年起，将粮食收购改为合同定购。合同定购的品种是小麦、玉米、稻谷、大豆，按"倒三七"比例计价，即对小麦、玉米、大豆 3 个品种的收购价，30% 按原统购价，70% 按原超购价；粳米按"倒二八"比例计价，销往农村的粮食实行购销同价。但 1985 年出现了全国性的国家"储粮难"和农民"卖粮难"问题，市场粮价大幅下跌，河南省部分地方的市场粮价跌到了超购价格以下，严重挫伤了种粮农民的生产积极性。当时，沿海经济发达地区出现了农田撂荒问题，同时，超购加价使各级财政倍感压力。在此情况下，国家决定改变粮食购销政策，实行合同定购（死的一块）、议价收购（活的一块）同时运行的粮食流通"双轨制"（卢彦超，2010）。

1985～1992 年，国家的粮食政策由统购统销转变为定购统销和议购议销并举。粮食流通由统一征购调整为合同定购和市场收购。采取了管住一块，放开一块（销售仍实行统一销售，但计划销售的范围和数量逐步减少），实行计划、市场"双轨制"政策。1991 年，粮食的合同收购又改为国家定购，作为农民应尽的义务，必须保证完成。在粮食销售方面，1987 年开始，实行了省对地区的粮食销售包干，城镇居民的粮食按统购价格供应（孙继增，2009）。

1985～1988 年，以"计划调节和市场调节相结合"以及其后的"有计划的商品经济"理论为背景，这一阶段的改革仍然将收购制度的改革作为重点，并开始将多渠道流通列入了粮食流通体制的改革内容，其中最主要的制度创新就是"双轨制"。具体而言，改革措施主要包括：①取消了统购、派购制度，采取了合同定购和议价收购并行的收购"双轨制"，其中合同定购属于国家计划收购，议价收购属于市场收购；②在收购"双轨制"的基础上形成了合同定购的计划价格与议价收购的随行就市的价格相并存的价格"双轨制"，其中合同定购的价格采取了水稻"倒三七"、小麦"倒四六"的混合平均价，实际上降低了粮食收购价格；③实行了鼓励多渠道流通的粮食政策。这一阶段的改革是粮食流通市场化改革的首次真正尝试：在数量方面切出了一块可以由多渠道竞争的部分，在价格方面引入了议价和多渠道竞争形成的市场价格，在市场主体方面允许了国营粮食部门以外的经济组织的进入，从而在适当缩小计划范围并转换计划实现方式的基础上使粮食流通由独占型的国家垄断转换成了主渠道不完全垄断、多渠道可以适当参与竞争的一种特殊的垄断竞争型的市场结构。但是，由于"粮食双轨制"直接导致了 1985 年之后连续四年的粮食产量的低谷徘徊，因此"粮食双轨制"并没有，实际上也很难贯彻到底（曹宝明，2010）。

1989～1990 年，这一阶段是粮食流通体制改革的停滞期，其背景是宏观经济的"治理整顿"，当时的经济政策突出强调了计划功能和政府在国民经济中的宏观调控职能。但是，在这一时期还是出现了一项富有意义的成果，这就是 1990 年国家专项粮食储备制度的建立，它标志着我国在战略储备（军粮）和国家周转粮食库存以外正式建立了具有调节粮食市场供求功能的后备粮食储备，而原先的后备储备只有救灾用的"甲字粮"。这种以"加强粮食市场宏观调控"为目标的专项粮食储备制度尽管没有直接推动粮食流通市场化改革进程，但是由于政府意识到了自身对粮食市场的干预不能仅仅依赖计划手段，还必须将自身转换为粮食市场的交换主体，通过专储的吞吐行为去调节粮食市场的供求状况，因而它在另一种意义上为粮食流通市场化改革提供了后续保障。需要说明的是，由于粮食专储制度与专储系统存在着先天不足，加上在一个计划体制尚未做彻底改革、国营粮食部门仍然作为主渠道垄断粮食流通的情况下，扰乱粮食市场的往往首先就是国营粮食部门自己，因此专储制度未能充分发挥其应有的功能，这一情形至今也没有得到彻底的改变。然而，在"双轨制"基础上停止了改革的粮食流通体制使国营粮食部门透过"双轨制"发现了自己得天独厚的巨大利益，因此议价成本转入平价经营、议价销售平价粮食以获得平议差价，挪用收购资金、给农民"打白条"以获得收购资金的时间价值，虚报收购、库存及亏损以多获财政补贴等行为导致了粮食亏损挂账及粮食财政补贴的急剧上涨，1989 年这一补贴达到了 409 亿元，占当年财政收入的 14%，是当年财政赤字的 1.4 倍（曹宝明，2010）。

四、粮食流通"两条线运行"阶段

进入"八五"后，我国粮食流通体制改革的步伐有所加快，但总体仍处于探索阶段。1991 年，国家决定将粮食"合同定购"改为"定购"，强调粮食定购既是国家任务，又是农民应尽的义务。1991 年和 1992 年，国家先后两次提高粮食定购价格，在一定程度上缩小了工农产品价格"剪刀差"，增加了农民收入，稳定了粮食生产，同时大幅度提高了粮食销售价格。如河南省面粉、大米、玉米 3 个品种的销售价平均提高 58.9%。1992 年实现了粮食购销同价。在粮食生产相对稳定的形势下，1993 年 4 月后，全国 95% 以上的县市，相继放开粮食购销价格、放开粮食经营、放开粮食市场，使粮食流通体制与市场经济体制进一步接轨。但是，由于粮食市场法规体系尚未建立，1993 年底受国内局部地区粮价上涨的拉动，国内市场粮价出现波动。为稳定经济大局，国家紧急动用专向储备粮 200 亿千克平抑市场粮食价格。

1992～1993 年，邓小平南方谈话既催生了"社会主义市场经济理论"的诞生，又带动了国民经济市场化改革的整体推进。1992 年，当时河南省的商丘地区被国务院定为全国农村流通体制改革试验区。1993 年，明确商丘试验区的试验重点是粮食经营体制改革、供销社改革、农村劳动力流动 3 项内容。粮食经营体制的改革，主要是围绕国有粮食部门政策性业务与商业性经营界限不清，资金相互挤占挪用，企业吃国家大锅饭、职工吃企业大锅饭等问题，进行平价、议价、仓储、多种经营"四分开"改革。在此基础上，进一步深化，进行了"两线、三制、四统"改革试验，即粮食政策性业务与商业性经营分开，两条线运行；粮源在基层与粮权在县级的业务代理制、县级粮食行政管理部门对基层企业使用的国有资产实行租赁制、粮办工业企业实行股份制和股份合作制；县级粮食行政管理部门对全县国有粮食企业的资产、粮油库存、粮油调销、资金结算实行统一管理（卢彦超，2010）。

在这一背景下，我国的粮食流通体制经历了迄今为止最为激烈的市场化改革。这一阶段的改革注意了购销环节的协调改革，并突出了粮食销售制度的改革。其主要内容是：①首先进行了购销同价的改革，然后一方面取消了粮票，另一方面在形式上保留而实际上也取消了粮证；②1993 年实行了粮食价格与经营的全面放开；③大幅度地削减了政府对粮食部门的财政补贴；④在"管住批发、放开零售、继续维护国有粮食企业主渠道地位"的前提下，进一步推进了粮食市场的多渠道流通；⑤在限期断奶的通牒下将国有粮食企业推向了市场。这是一次对传统粮食流通体制伤筋动骨的市场化改革。首先，它在缩减收购计划、扩大市场多渠道经营范围、取消粮票粮证并放开零售的同时，既在很大程度上削弱了传统粮食计划的强度，又从根本上动摇了国有粮食企业垄断粮食市场的权威；其次，多渠道的竞争不仅使低效率、高成本的国有粮食商业企业、工业企业、仓储企业、运输企业在市场竞争中不堪一击，而且在培育新的粮食市场主体的同时迫使坐吃计划、财政与垄断特权的国有粮食部门不得不进行自我改革，此间出现的"一业为主、多种经营"、"粮食银行"等都是国有粮食部门面对市场竞争而自我设计的生存与发展对策。

1993～1996 年，粮食流通实现了三大放开，即价格放开、市场放开、经营放开，由计划经济完全地向市场经济转变。1993 年，取消了实行 40 年的城镇居民粮食供应制度，粮票正式退出了历史舞台。1994 年，实行了粮食"两线运行"改革（孙继增，2009）。

由于 1993 年粮食价格与经营的全面放开，使得国有粮食部门的定购价格与其他多渠道的收购价格相比缺乏竞争力，于是有了 1994 年国家粮食定购价格的大幅度提高；由于1993 年底开始粮价猛涨、粮食市场供求失衡，因此中央政府仿效分税制的做法，将原本由中央承担的调节粮食供求的责任分解给了地方，并在建立两级粮食储备和粮食风险基金的同时，提出了"米袋子"省长负责制。由于粮食定购价格缺乏竞争力，使得国有粮食部门无法灵活收购、掌握粮源，因此，"保量保价"制度改成了"保量放价制度"，并赋予了省级政府在中央指导价的基础上在一定范围内调整本地粮食定购价格的权限。1993 年本要削减的财政补贴在 1994~1995 年又有了迅速上升的趋势。在 1994 年企业制度改革、财税制度改革、金融体制改革、投融资体制改革、外汇外贸体制改革的大背景下，政府在消除1993 年粮改后遗症的同时，以分解责任、削减补贴为目标，实施了一项又一项不断修补的粮改方案。

1995 年，国家对粮食管理和粮食购销体制又进行了重大改革。一是建立粮食风险基金制度，为政府调节市场提供手段。二是实行"米袋子"省长负责制，明确了中央和省市政府的粮食工作职责和事权。三是取消省际粮食计划调拨，改由市场调剂，增强各级地方政府的粮食工作责任心。四是推进粮食政策性业务与经营性业务分开改革，实行"两条线运行"，避免相互挤占挪用。五是培育和建立以全国性粮食批发市场为龙头，区域性粮食批发市场为骨干，初级粮食批发市场为基础的三级粮食市场流通体系。通过改革形成了多元化、多渠道、可调控的粮食流通体制新框架（卢彦超，2010）。

为了根除亏损与挂账顽疾，中央政府于 1995 年底下发了《关于粮食部门深化改革实行两条线运行的通知》（国发〔1995〕15 号）。两条线运行的核心是要将粮食部门同时承担的政策性业务和商业性经营在业务上和核算上彻底分开，其目的是明确政府与企业、中央和地方的责任界限，以减轻中央财政的补贴负担。但是由于两条线运行既存在着因政企不分而出现的政策性经营单位与商业性经营单位难以划分的难题，又存在着同一单位因同时承担两类业务而在资金界限、费用界限、财务分配界限方面难以界定的问题，因此两条线运行方案从一开始就陷入了困境。

五、深化完善粮食流通体制改革阶段

1997 年推出了"四分开、一并轨"的新方案。由于"四分开、一并轨"中的"并轨"是指计划价格与市场价格并轨，这一提法遭到了"是计划价向市场价并还是市场价向计划价并"的疑问，结果 1998 年这一方案又被改称为"四分开、一完善"。由于"四分开、一完善"在实际操作中还是存在各种困难，于是此后又推出了旨在强制实施"四分开、一完善"方案的"三项政策、一项改革"。作为粮食流通体制改革政策的主要内容，"四分开、一完善"和"三项政策、一项改革"实际上并没有在粮食流通市场化改革方面取得应有的进展。

1996 年粮食丰收，1997 年实行了粮食保护价制度。1998 年国务院决定，进一步深化粮食流通体制改革，重点解决政企不分、权责不清、"大锅饭"现象严重，粮食队伍庞大、费用高、效益差，市场体系和法规体系不健全、市场调控手段不完备，企业机制不活、历史包袱沉重等深层次问题。主要改革内容：一是"四分开、一完善"，即政企分开、储备与经营分开、中央与地方的责任分开、新老粮食财务挂账分开，完善粮食价格机制。二是"三项政策、一项改革"，即国有粮食购销企业坚持敞开收购，实行顺价销售，做到收购资金封闭运行，加快国有粮食企业自身改革。为规范粮食交易行为，促进有序流通，国家制定颁布了《粮食收购条例》和《粮食购销违法行为处罚办法》，粮食管理开始进入法制化管理轨道（卢彦超，2010）。

1999年，我国粮食供求矛盾加剧起来。由于市场销售疲软，粮食大量积压，亏损加大，逐年增加的粮食超储费用使各级财政不堪重负；一些粮食品种销售不畅，粮食的品种、品质之间的结构性矛盾突出；保护价收购的范围偏大，影响了粮食生产结构调整和经营效益提高；粮食超储补贴办法不尽合理，导致一些国有粮食购销企业销售不积极，财政补贴日益加重。因此，国务院决定进一步完善粮食流通体制改革。主要内容是：从2000年新粮上市起，东三省及内蒙古东部、河北北部、山西北部的春小麦和南方早籼稻和江南小麦退出保护价收购范围，向农民发出强烈的种植结构调整信号；在市场粮价较低的情况下，可以将定购价调低到保护价水平；拉开粮食品质差价、季节差价、地区差价，实行优质优价；在粮食风险基金上中央对省实行包干，一包三年不变；对国有粮食购销企业销售的粮食，以及其他国有粮食企业销售的军粮、救灾救济粮、水库移民口粮免征增值税；严厉查处违法收购粮食的行为，取缔无照经营；大型农业产业化龙头企业和大型饲料生产企业，经省级政府主管部门批准，可以在本省范围内与农民签订包括优质粮自用粮的产销合同等。

六、放开销区保护产区阶段

2000年国务院下发了《关于进一步完善粮食生产和流通有关政策措施的通知》。2001年国务院又发出了《进一步深化粮食流通体制改革的意见》，总体的思路是："放开销区，保护产区，省长负责，加强调控"。先是沿海8个粮食主销区的省（市）相继放开了粮食收购市场价格，接着是产销平衡区域的12个省（市）实行了粮食购销市场化。到2003年底，全国共有28个省（区、市）实行了粮食购销市场化。

2001年3月，浙江、上海、江苏、福建、广东、海南、北京、天津八个主销区相继实行了粮食市场化改革，标志着我国粮食流通体制改革的进一步深化。2001年7月，国务院下发了《进一步深化粮食流通体制改革的意见》，要求粮食主销区加快粮食购销市场化改革，放开粮食收购，粮食价格由市场供求形成；完善国家储备粮垂直管理体系，适当扩大中央储备粮规模，增强国家宏观调控能力；中央财政将粮食风险基金补贴完全包干给地方，真正建立起粮食生产和流通的省长负责制；粮食主产区继续发展粮食生产，在继续实行"三项政策、一项改革"的前提下，赋予省级人民政府自主决策的权力，切实保护农民种粮积极性；加快国有粮食购销企业改革，切实做到自主经营、自负盈亏。同期召开的全国粮食工作会议，确定了"放开销区、保护产区、省长负责、加强调控"的改革思路。北京、上海、天津、浙江、江苏、福建、广东、海南八个粮食主销区率先放开了粮食购销市场。粮食主产区在继续坚持按保护价敞开收购农民余粮政策的同时，按照粮食省长负责制的要求，进行了粮食购销市场化改革。安徽、湖南、湖北、内蒙古、新疆5省（区）全面放开粮食收购市场和价格，开展对农民实行直接补贴试点；河南、河北、吉林、辽宁、江西5省在坚持保护价制度的同时，实行对农民直补或价内补贴，同时放开粮食收购市场和价格；黑龙江、山东、四川、陕西4省缩小保护价收购范围，放开省内部分非主产区的粮食收购市场和价格；产销平衡的广西、重庆、云南、贵州、青海5省（区、市）也实行了粮食市场购销市场化改革。为加强中央储备粮的管理，有效发挥中央储备粮在国家宏观调控中的作用，维护粮食市场稳定，2003年8月国务院颁布了《中央储备粮管理条例》（张雷宝，2002）。

七、粮食购销市场化阶段

2004年至今，全国开始了粮食市场化运作，并且不断进行了完善。2004年国务院出台了《关于进一步深化粮食流通体制改革的意见》，树立了深入粮食流通体制改革的丰碑，实现了全国粮食购销市场化和主体多元化，确立了符合社会主义市场经济和适应我国国情的粮食流通体制的基本框架。同年5月，国务院又颁发和实施了《粮食流通管理条例》，用法律法规的形式把粮食流通体制改革措施固定下来，同时也标志着我国粮食流通管理正式步入法制化轨道。2006年，国务院又下发了《关于完善粮食流通体制改革政策措施的意见》，进一步加快和推进了粮食流通体制改革的进程（孙继增，2009）。

2004年5月，国务院出台了《关于进一步深化粮食流通体制改革的意见》，决定在总结经验、完善政策的基础上，按照有利于粮食生产、有利于种粮农民增收、有利于粮食市场稳定、有利于国家粮食安全的原则，全面放开粮食收购市场。改革的总体目标是：在国家宏观调控下，充分发挥市场机制在配置粮食资源中的基础性作用，实现粮食购销市场化和市场主体多元化；建立对种粮农民直接补贴的机制，保护粮食主产区和种粮农民的利益，加强粮食综合生产能力建设；深化国有粮食购销企业改革，切实转换经营机制，发挥国有粮食购销企业的主渠道作用；加强粮食市场管理，维护粮食正常流通秩序；加强粮食工作省长负责制，建立健全适应社会主义市场经济发展要求和符合我国国情的粮食流通体制，确保国家粮食安全。改革的基本思路是：放开收购市场，直接补贴粮农，转换企业机制，维护市场秩序，加强宏观调控。改革的步骤和要求是：全面规划，分步实施，因地制宜，分别决策，加强领导，落实责任。

2006年，国务院下发了《关于完善粮食流通体制改革政策措施的意见》，在规范政府与企业关系、加快国有粮食购销企业组织结构创新、发展粮食产业化经营、解决国有粮食企业历史包袱、培育和规范粮食市场、建立产销区之间利益协调机制、完善最低价收购政策和直补政策、健全粮食宏观调控体系等方面提出了要求，进行了规范，使粮食流通体制进一步完善（卢彦超，2010）。

第二节 粮食流通产业政策

一、国有粮食企业改革政策

国有粮食企业是国家收购掌握粮源和实施粮食宏观调控、促进粮食增产和农民增收、维护粮食市场与价格基本稳定、确保国家粮食安全的重要载体和得力抓手，承担着重要的公益性、基础性和社会性职能。近年来，各地按照中央关于进一步深化粮食流通体制改革的部署，大力推动国有粮食企业改革和发展，企业"三老"问题基本解决，新的经营管理机制逐步建立。国有粮食企业在农业政策性金融的支持下，积极开展粮食购销，经济效益稳步提高，开始走向振兴发展的新阶段。

（一）国有粮食购销企业开展自主经营（1992～1993年）

1992年召开的党的十四大确定我国经济体制改革的目标是建立社会主义市场经济体制，这也带来了粮食流通体制领域的一系列重大改革。1993年2月的《关于加快粮食流通体制改革的通知》明确提出国有粮食购销企业除保留一定数量的合同定购粮食收购任务外，应该开始按照市场经济主体要求自主开展经营。考虑到国有粮食企业是低效率和高成本的，其在市场竞争中会处于不利位置。

（二）两条线运行机制的建立（1994～1997年）

1995年6月的《关于粮食部门深化改革实行两条线运行的通知》将粮食部门政策性业务和商业性经营分开、财务分开，建立了两条线运行机制。从1994年7月开始，粮食收储企业的贷款业务划归农业发展银行；同时粮食收储企业的资金由农业发展银行实行封闭运行,来解决给农民"打白条"的问题;而粮食加工等业务的贷款则被推向市场,由其他银行进行处理。

(三)政企分开及新老账目分开(1998～2003年)

1998年5月的《关于进一步深化粮食流通体制改革的决定》提出了"四分开、一完善":政企分开、中央和地方责任分开、储备和经营分开、新老财务账目分开,完善粮食价格机制。其中,政企分开和新老财务账目分开推动了粮油加工业的改革。政企分开就是政府粮食行政管理职能与粮食企业经营分离,并通过深化改革,加快建立现代企业制度和下岗分流、减员增效来提高粮食企业的经营效率,与此同时保持国有粮食企业在粮食流通中的主渠道作用;新老财务账目分开就是1992年3月31日以前的粮食财务挂账由财政部和地方政府共同消化,1992年4月1日至1998年5月31日国有粮食企业新增财务挂账和其他不合理占用贷款由有关部门确定消化方案,而1998年7月1日起由农业发展银行对粮食企业实行停息。

1998年6月的《关于进一步做好粮食购销和价格管理工作的补充通知》指出为了认真贯彻落实《关于进一步深化粮食流通体制改革的决定》和有关配套文件,当前的工作重点是"三项政策、一项改革"。"三项政策、一项改革"即按保护价敞开收购农民余粮、国有粮食购销企业实行顺价销售、农业发展银行收购资金封闭运行、加快国有粮食企业自身改革。

(四)大力发展粮食产业化经营(2004年以来)

2006年出台的《关于完善粮食流通体制改革政策措施的意见》除了按照既定的改革方向和思路对粮食流通体制进行改革,还提出大力发展粮食产业化经营。大力发展粮食产业化经营即对以粮油为主要原料的加工企业,特别是骨干龙头企业给予重点支持。2012年的《关于支持农业产业化龙头企业发展的意见》是国务院支持农业产业化和龙头企业发展专门出台的第一个政策性文件。

2012年,国家粮食局和中国农业发展银行联合发布了《关于进一步加强合作推进国有粮食企业改革发展的意见》(国粮财〔2012〕205号),进一步优化国有粮食企业改革发展环境,充分发挥农业政策性金融的重要支持作用,促进国有粮食企业尽快做大做强,更好地服务国家粮食宏观调控,切实保护种粮农民的利益,维护粮食市场稳定,保障国家粮食安全,国家粮食局和中国农业发展银行就进一步加强合作,推进国有粮食企业改革和发展重点如下:①推动战略重组,做大做强国有粮食企业。重点推进县级国有粮食购销企业兼并重组,促进资产优化组合;积极适应区域粮食宏观调控需要,着力培育区域性国有或国有控股的地方大型粮食企业,并以具备规模优势、资产优势和市场影响力的区域性大中型粮食企业为依托，打造国有或国有控股的区域性粮食集团，不断提高国有粮食企业的竞争力、影响力和控制力；在深入分析本地国有粮食购销企业资产状况、经营能力的基础上，充分考虑当地粮食购销数量、企业辐射半径和应急保障需要，制定本地区国有粮食企业改革重组规划方案。②转变企业经营模式，建立现代企业制度。按照"产权清晰、权责明确、政企分开、管理科学"的现代企业制度要求，创新机制，规范运作，完善法人治理结构，真正形成以资产为纽带、统一发展战略、统一资产管理、统一财务核算、统一制度管控、统一人力配置的统分结合的公司制发展模式，切实增强企业市场竞争力。③积极协调和争取地方政府支持，为国有粮食企业改革发展创造良好环境。④发挥政策性金融支持作用，加大信贷支持力度。⑤改进信贷服务，提高办贷效率。⑥密切加强合作，建立工作协调机制。

（五）国有粮食企业数量变化

综上所述，粮油加工业经历了国有粮食购销企业开展自主经营、两条线运行机制的建立、政企分开及新老财务账目分开和大力发展粮食产业化经营的改革历程。1998～2011年国有粮食企业数量急剧下降，从1998年的53240家下降到了2011年的15472家，降幅达70.94%。依此类推，粮油加工业改革将国有粮油企业推入市场，对其的经营性业务自负盈亏，可能会减少国有粮油企业数量，降低其所占市场份额。与此同时，粮油加工业政策性进入壁垒的下降可能会推动民营粮油企业的进入，占据国有粮油企业让出的市场份额。

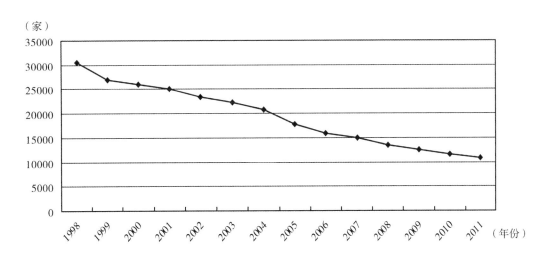

图4-1　1998～2011年全国国有粮食企业数量变化

二、粮食流通基础设施发展政策

（一）"十一五"期间粮食流通基础设施发展政策

改革开放以后，特别是进入 21 世纪以来，在党和政府的高度重视和各地各有关部门的大力支持下，粮食流通设施条件得到较大改善，为保证粮食收储供应、增强粮食宏观调控能力、保障粮食安全打下了良好基础。

自"十一五"以来，国家高度重视粮食流通基础设施设备建设，大力投资粮食流通基础设施，极大地改善了粮食流通基础设施条件。"十一五"时期，国家粮食局组织开展了《植物油库建设标准》、《粮食物流园区总平面设计规范》、《粮食仓房维修改造技术规程》等 25 项粮食工程建设标准制修订工作，其中 9 项为国家标准、16 项为行业标准。散粮汽车、吸粮机等散粮运输装卸设备得到了进一步推广和应用。

"十一五"时期，粮食流通基础设施建设累计投入资金约 800 亿元，其中中央补助投资约 100 亿元，粮油仓储、物流设施建设、仓房维修改造和农户储粮各项工作都取得了显著成绩，为国家粮食安全提供了有力的保障。"十一五"时期，中央和地方政府积极筹措资金，加大了对粮油仓储设施建设和改造力度。全国共投入建设资金约 360 亿元，其中中央补助投资约 80 亿元，地方政府和企业投资约 280 亿元。共建设仓容 6400 万吨，油罐 1000 万吨，烘干能力 3000 万吨，维修改造仓房约 1.1 亿吨。

"十一五"时期，国家发改委发布了《粮食现代物流发展规划》，五年间国家共安排中央补助投资约 15 亿元，带动地方政府和企业投资约 390 亿元，在主要跨省粮食物流通道上陆续建设了一批以大连北良港、上海外高桥粮食物流中心、舟山国际粮油集散中心等为代表的重大项目，东北各港粮食发运能力和东南沿海接卸能力显著增加，长江通道初步形成，黄淮海流出通道重要节点建设开始启动，陕西、甘肃、新疆等西部地区也初步形成了一批重要物流节点，全国新增中转能力 1.2 亿吨以上，新增散粮中转设施接收能力 28 万吨/小时，粮食物流效率明显提高。

（二）"十二五"期间粮食流通基础设施发展政策

"十二五"时期，国家粮食局制定发布了《粮食流通基础设施"十二五"建设规划》。统筹全国和各地区各类设施建设规模和布局，统筹中央企业与地方企业设施布局，合理引导企业投资方向，加强资源整合。重点建设工作包括：完善粮食仓储体系，达到现代化水平；基层粮库设施条件得到明显改善，基本消除长期露天储粮，并建立维修改造长效机制；主要跨省粮食流出通道设施能力显著增强，散粮流通比例明显提高。根据地区发展、产业布局、技术进步等方面的要求，进一步完善现有仓储设施和仓型结构，按照建设现代化粮库和发展粮食现代物流的要求，完善设施，提升功能。

"十二五"时期，粮食流通基础设施建设的主要任务如下：①加强粮油仓储烘干设施建设。完善中央和地方储备设施，优化全国粮油仓储设施布局，推广应用粮库信息化管理系统，实现仓房设施标准化、技术装备现代化。在 36 个大中城市建设成品粮应急低温储备仓，长三角、珠三角、京津唐、成渝等地区要优先满足成品粮储备应急保障需要。②推进粮食仓房维修改造。粮食主产区基本消除长期露天储粮，同时积极争取支持西部地区和主销区仓房维修。重点对仓房防潮防雨、保温隔热进行维修改造，配置必要的粮情检测、机械通风、环流熏蒸等储粮设施和装卸输送设备，配置检化验仪器，推广低温储粮、气调储粮等绿色储粮新技术。③推进粮食现代物流发展。第一，打通"北粮南运"主通道。在东北地区建设大型粮食装车点，以及与其相衔接的华北、华东、中南、西南等地区建设大型粮食卸车点，并加强与公路集并的衔接。完善东北地区粮食铁水联运物流系统，配套建设东南沿海港口和长江、珠江流域主要物流节点的粮食中转和接卸设施。开展东北地区糙米"入关"集装化（集装箱或集装袋）运输试点和大宗成品粮储运技术示范。第二，完善黄淮海等主要通道。完善黄淮海通道、长江流域通道和京津通道、华东通道、华南通道的中转和接卸发放设施，发展黄淮海地区的散粮汽车运输以及长江、珠江、大运河、淮河等流域的散粮船舶运输。第三，加强西部通道建设。根据粮食增产能力和流量，主要依托西部地区现有粮库、批发市场和加工企业，沿西部地区主要铁路干线建设物流节点项目及相关设施，提升西部地区粮食中转、发放设施能力。第四，建立全国粮食物流公共信息平台。组建大型粮食物流企业，发展第三方物流，利用现有政策性粮食交易平台系统和全国粮食动态信息系统以及大型企业现有物流网络系统，建立全国粮食物流配送、交易和管理信息平台，实现粮食物流信息资源共享，统一协调粮食运输工作。

实施《粮食现代物流发展规划（2006～2015 年）》，对主要跨省粮食物流通道建设起到了积极的推动作用，但离确定的目标还有较大差距。2014 年全国有 1.65 亿吨粮食跨省运输，原粮跨省散运比例约 25%，以包粮运输为主。特别是铁路散粮车因回空问题而尚未实现在全国范围内运营，东北粮食入关和西南、西北流入通道能力不足。

（三）"粮安工程"中的粮食流通基础设施发展政策

2015 年，国家发展改革委、国家粮食局、财政部联合发布《粮食收储供应安全保障工程建设规划（2015～2020 年）》（以下简称《规划》）。这是粮食流通基础设施建设方面的首个国家级专项规划。《规划》提出了今后我国粮食收储供应安全保障能力建设的指导思想、目标和主要任务及政策措施，确定"粮安工程"建设的重点，目的是全面提升粮食收储和供应保障能力，保障国家粮食安全。实施"粮安工程"是粮食流通工作的"守底线"工程，是今后一个时期我国粮食流通基础设施建设的重要依据。《规划》提出的总体目标是：到2020年，全面建成售粮便利、储存安全、物流通畅、供给稳定、应急高效、质量安全、调控有力的粮食收储供应安全保障体系，形成布局合理、结构优化、竞争有序、监管有力的现代粮食流通新格局，使粮食收储能力大幅增强，粮食物流效率显著提高，应急保障能力明显提升，粮油质量安全综合保障能力全面提升，粮情监测预警体系全面建成，粮食产后节约减损取得明显成效。

《规划》提出的六大建设任务：建设粮油仓储设施、打通粮食物流通道、完善应急供应体系、保障粮油质量安全、强化粮情监测预警、促进粮食节约减损。为确保完成这些建设任务，将采取强化粮食安全责任政策保障措施。按照中央与地方粮食事权划分，健全"粮安工程"建设全面负责制，将省级政府负责区域内粮食收储供应安全建设任务纳入粮食安全省长责任制。

三、粮油加工业发展政策

（一）"十一五"时期粮油加工业发展政策

"十一五"时期，粮油加工业平稳较快发展，供给保障能力进一步增强。一是产量稳定增长，产品结构明显改善。2010年，大米、小麦粉、食用油和玉米淀粉产量分别比2005年增长了150%、116%、74%和48%。专用米、专用小麦粉、专用植物油及糙米、营养强化小麦粉、特种植物油等一批营养健康新产品的产量增加较快。二是产品质量不断提高，品牌效应显著增强。2010年，大米、小麦粉、食用植物油产品总体合格率达到95%左右，比2005年提高了5个百分点。一批粮油产品知名品牌对行业影响力和市场占有率迅速提升。三是多元主体已经形成，集约化程度不断提升。国有和国有控股、民营、外资等企业共同发展，相互竞争的格局已经形成。从2005年到2010年，在全国稻谷、小麦和食用植物油加工企业中，前20位企业产量由382万吨、865万吨、728万吨分别上升到1054万吨、1333万吨、1694万吨，增幅分别为176%、54%、132%。四是技术进步明显，装备国产化程度提高。稻谷、小麦、玉米深加工等转化增值技术、油菜籽膨化压榨节能技术等实现了产业化。一批具有自主知识产权的淀粉加工成套装备、数字化色选机等装备达到国际先进水平。五是龙头企业作用突出，集聚效应初步显现。粮油加工龙头企业积极推行产业化经营，有力带动农民增收。产业布局向主产区集中趋势明显，涌现出一批具有特色的粮油加工产业园区或集聚区。

（二）"十二五"时期粮油加工业发展政策

根据《国家粮食安全中长期规划纲要（2008~2020年)》、《全国新增1000亿斤粮食生产能力规划（2009～2020年）》、《粮食行业"十二五"发展规划纲要》（国粮展〔2011〕224号）和《食品工业"十二五"发展规划》（发改产业〔2011〕3229号）的要求，"十二五"时期应加快发展现代粮食流通产业，完善现代粮油加工体系，加快结构调整，推进转型升级，实现粮油加工业健康协调发展。

"十二五"时期，重点发展的领域包括：第一，大力发展粮油食品加工业、饲料加工业，确保口粮、饲料用粮供给安全。有效利用粮油资源，加强副产物综合利用，提升精深加工转化水平和产品科技含量。第二，大力培育粮食产业化龙头企业，鼓励和引导大型企业兼并重组，不断提高产业集中度，增强企业的核心竞争力和抗风险能力。推进粮食产业化经营，提升优质粮油基地建设规模化和标准化水平，逐步实现加工原料的专用化、规模化和标准化。鼓励和支持中小型企业改造升级，提高产品质量，增强市场竞争力。第三，加快系列化、多元化、营养健康粮油食品的开发，提高优、新、特产品的比重，强化质量安全，加强品牌建设。大力发展符合国家产业结构调整指导目录鼓励类的粮油加工产品，严格控制大米、小麦粉和食用植物油的过度加工；实施"主食品工业化示范工程"，积极发展工业化生产的米粉（米线）、方便米饭、馒头、挂面、鲜湿面条等米面制品；扩大速冻米面制食品规模，开发多种规格和品味的新产品；加快推进稻壳发电或供热、米糠制油、碎米制糖、麸皮制纤维食品、饼粕开发蛋白资源等。第四，完善粮油加工业技术标准体系，加快制修订符合国情的粮油加工重点产品标准、生产技术规范和检测方法标准。加大粮油食品安全检验监测能力建设支持力度，建立无缝衔接的粮油食品质量安全监管体系，满足企业对原辅料、半成品、成品等的理化、微生物、农药残留、真菌毒素、重金属等指标快速检验的需要。第五，充分利用现有资源和区位优势，推进企业适度集聚发展，形成一批具有较强竞争力的国家级现代粮油加工基地或产业集聚区。鼓励和支持粮食产业化龙头企业创建粮油加工园区，延伸产业链条，向专业化、规模化、集约化方向发展。

"十二五"期间，我国粮油加工业总体保持平稳较快发展。一是产业规模和经济效益平稳增长。2015年，全国粮油加工业总产值2.5万亿元，比2010年增长59.5%。大米、小麦粉、食用植物油、淀粉等产量保持稳步增长。二是产业发展内生动力持续增强，形成了以民营企业为主体、多元化市场主体充分竞争发展的市场格局。民营企业所占比例为91%，外资企业3%，国有企业6%。三是产业规模化集约化水平不断提高、产业结构和布局逐渐优化。食用植物油、玉米深加工业前十位企业产业集中度超过45%，稻谷、小麦加工业前十位企业产业集中度在10%左右。16家企业集团主营业务收入达到100亿元以上，其中2家企业集团达千亿元以上，跨区域龙头企业融合发展趋势加快，竞争力显著提升。湖北、山东、江苏、安徽、广东、河南、湖南、四川8省粮油加工业主营业务收入超过千亿元。粮油加工园区建设推进较快，布局加速向粮食主产区集聚。四是产品结构及质量安全水平明显提高。河南、山东、安徽、广西、陕西、四川6省（区）主食产业化快速推进。"十二五"期间制修订了一批粮油产品质量标准，建立了较为完善的质量保障技术标准体系。五是粮食科技创新能力显著增强。中央财政加大粮食行业公益性科研投入，企业研发投入稳步增长，科技创新能力显著增强，大米、小麦粉、食用油和饲料等加工成套装备居于国际先进水平。

（三）"十三五"时期粮油加工业发展政策

"十三五"粮食加工业发展面临的形势依然严峻。一是谷物供求阶段性过剩问题突出。高产量、高库存量和高进口量"三高"叠加问题短期内仍然突出，特别是玉米、稻谷阶段性过剩特征十分明显，原粮与成品粮、国内与国际、产区与销区粮食价格"三倒挂"，消化粮食库存任务艰巨。二是粮食种植结构和加工发展与居民消费需求不相适应。居民消费结构升级背景下，部分品种粮食供求结构性失衡问题凸显，大豆供给严重依赖国际市场，优质化、专用化、多元化粮食原料发展相对滞后，中高端产品供给不足，知名品牌少。加工企业转型升级相对滞后，产加销脱节，加工业布局与粮食生产布局不匹配，优质优价专收专储能力不足。三是粮油产品质量安全、营养健康和节能环保问题依然存在。全产业链食品质量安全保障体系还不健全。单位产品能耗、水耗和污染物排放仍然较高，与资源节约型和环境友好型社会水平要求还有较大差距，节能减排和环保治理任务艰巨。四是加工企业面临更大竞争压力。经济发展进入新常态，发展面临资源环境约束加大、要素成本上升等挑战，融资难、用地难现象仍存在，人工、水电、流通、市场等运行成本上升较快，盈利空间不断压缩。五是粮油加工业发展方式粗放、大而不强问题更加突出。产能结构性过剩与优质产能不足并存，深加工转化能力不足与成品粮油过度加工并存，产业链条短，成品率低、副产物综合利用率低、附加值低，创新能力不强，部分品种盲目无序低水平发展等矛盾亟待有效疏解。

根据国家粮食局发布的《粮油加工业"十三五"发展规划》，粮油加工业发展目标是到2020年，形成"安全营养、绿色生态、布局合理、协调发展、链条完整、效益良好"的现代粮油加工产业体系，供给质量和效益稳步增长，科技创新能力明显增强，引领粮食产业发展作用更加明显，集约化和规模化水平及产业融合发展程度明显提高，产品优质化和主食产业化比重大幅提升，质量安全水平明显提升，节能减排和节粮减损成效显著。

重点发展任务是：第一，增加绿色优质粮油产品供给。①实施"绿色健康谷物口粮工程"，推广大米、小麦粉和食用植物油适度加工，增加优质米、食品专用米、专用粉、专用油和营养功能性新产品供给；大力发展全谷物及食品，加强市场培育，增加糙米、全麦粉、杂粮和薯类及其制品等绿色优质营养健康中高端新产品供给，丰富品种，提升产品品质，提高优、新、特产品的比例。②增加品牌粮油供给。实施优质粮食品牌培育行动，发挥品牌引领作用，瞄准国际同行业标杆，开展绿色优质粮食产品品质评价和推介活动，培育和创建一批质量好、消费者认可度高、市场占有率高、市场竞争力强的全国性粮油产品优质名牌。③强化质量安全保障。鼓励和支持加工企业加强全产业链食品质量安全检测能力建设，按照食品安全、绿色生态、营养健康等要求，完善原料检验、在线检测、成品质量等检测功能。④依托骨干企业、应急加工以及主食加工企业，生产质量安全、营养健康、品种丰富的"放心粮油"产品。

第二，优化调整产业结构。①培育壮大龙头企业。支持企业做大做强、做优做精。引导和推动企业强强联合、跨地区跨行业跨所有制兼并重组，培育一批布局优、效益好、竞争力强的国家级、省级龙头企业。②促进产业集聚。实施粮食产业集群集聚行动，支持主产区发展粮食深加工转化，形成一批优势产业集群。③实施"走出去"战略。支持有条件的企业，加强与"一带一路"沿线国家在农业投资、贸易、科技、产能、粮机装备等领域的合作。培育一批具有国际竞争力的大粮商和粮食企业集团，支持农业生产、加工、仓储和港口等环节开展跨国全产业链布局，逐步建立境外粮油产销加工储运基地，提高国际市场竞争力和资源供给保障能力。

第三，推进一二三产业融合发展。①向产业链上游延伸。支持构建"产购储加销"一体化全产业链经营模式，开展多种类型的一二三产业融合发展示范，培育一批粮油加工产业融合领军企业，发展优质专用特色粮食产业。②向产业链下游拓展。加强产区优质粮食收储、检验分级、运输通道、物流配送、信息等基础设施建设，支持企业建立"产购储加销"等环节的全程现代物流体系和营销网络，延长产业链条，增强企业的盈利能力。③拓展粮油加工产业功能。鼓励企业在粮食种植、加工环节与农耕体验、旅游休闲、文化教育、健康养生等领域深度融合。

第四，强化科技创新支撑引领。①加快技术改造升级。加快推动高新技术产业化示范，推广先进实用、安全可靠、经济节约新技术新装备，支持改造升级节粮节能加工成套装备生产线，开展新型营养健康产品开发、主食产业化、副产物综合深度利用，采用新型清洁生产技术。②加强全产业链科技创新。强化企业技术创新的主体地位，构建"产学研用"紧密结合的行业科技创新体系。加强基础研究，强化集成创新。③加速科技成果转化对接推广。鼓励科研院所通过市场化定价方式转化科技成果，支持粮食科研院所科技人员依规到企业兼职。加快建立粮油加工科技创新成果集成示范基地。④加快"两化融合"。推动信息化和工业化深度融合，推进粮油加工制造向智能化发展，推动生产方式向柔性、智能、精细、绿色转变。

第五，培育新的产业经济增长点。①加快发展粮食深加工。鼓励大型加工企业发展创新型导向的粮油加工产业模式，充分挖掘副产物潜在价值，最大程度延长产业链。②构建绿色加工体系。支持企业节粮技术改造升级，完善成品粮油加工技术标准和规程，研究产品能耗限额标准。建立粮油加工业节能、节水等技术标准体系，加大推进实施节粮减损、节能减排行动的力度，加强节能环保低碳等新技术新设备的推广应用，确保废弃物排放和节能降耗达到国家相关标准要求。③创新现代营销模式。推进实施"互联网＋粮食"行动，发展"网上粮店"，推广"网订店取"、"网订店送"等零售新业态、新模式，促进线上线下融合发展。

四、粮食科技政策

（一）粮食流通产业技术发展状况

1. 粮食物流与储藏设施建设实现了跨越式发展

20世纪90年代以来，为解决粮食仓储设施落后和流通效率低等问题，我国逐步进入了大规模粮食储藏设施建设时期。1991年确定建设了18个机械化粮库，国家投资7亿元及部分配套的银行贷款，建设总仓容100万吨。1993年开始投资建设世界银行粮食流通项目，包括世界银行贷款及国内配套资金，共投资82.85亿元，建设了四条走廊及相关配套设施设备。特别是1998年以来，国家加大了投资力度，安排343亿元国债资金，分三批建设了1100多个粮库，新增仓容500多亿公斤，同时新配套的技术设备也上了一个新的台阶，进一步完善了全国储备粮库布局，实现了我国粮食储藏、运输、管理、技术的跨越式发展。经过多年的建设和积累，我国已基本形成一个以港口库为龙头、以中转和储备库为骨干、以收纳库为基础的粮食储藏设施网络，初步建立了较为合理的粮食储备与物流体系。

2. 粮食科技创新体系初步形成

"十一五"时期，粮食科技总投入61.47亿元，其中中央财政投入7.05亿元，地方财政投入2.21亿元，企业投入23亿元，其他投入29.21亿元。比"十五"时期有明显增长。储运、深加工、装备等5个国家工程实验室，14个国家粮食局工程中心构成多层面的粮食科技创新平台。地方科研院所承担国家科技任务的水平明显提高，企业创新能力不断增加。粮食信息化建设有力推进，粮食行业电子政务体系逐步完善。电子、信息、生物技术以及部分装备技术初步具备工程化能力。节能减排、生物技术研究成果具备了产业化应用条件。

3. 新技术及新装备得到了广泛应用

为了适应粮食储藏技术现代化的发展，一批自主开发、先进实用的粮食储藏专用新技术、新装备，得到了全面推广和产业化应用，大大提升了我国粮食储藏技术水平。1998 年以来，以环流熏蒸、谷物冷却机、机械通风和粮情测控为代表的"四项新技术"广泛应用，大大提高了储藏技术管理水平。不但在我国东北地区冷湿地带的粮库配备了烘干设施，还为南方水稻烘干配备了小型烘干机。每年东北地区约有 400 多亿公斤高水分玉米和几十亿公斤高水分稻谷需要烘干，在保证满足烘干需要的前提下，还在技术上对精细化烘干进行了探索，实现了粮食烘干全过程水分变化监测和自动调整，较好地解决了粮食烘干不均匀、品质下降、重量损失过多等问题。此外，还研究开发平房仓及浅圆仓散粮进出仓设备、浅圆仓装仓防破碎装置、粮仓气密技术、纳米保温材料、储粮害虫检索专家系统等。新技术和新装备的应用，大大提高了储藏水平，保证了粮食品质，降低了储粮损失，确保了储粮安全。

（二）"十二五"期间粮食科技发展政策

"十二五"以来特别是党的十八大以来，党中央、国务院高度重视科技创新，作出深入实施创新驱动发展战略的重大决策部署，粮食科技创新发展取得了显著成绩，科技创新能力明显提升。科技创新在粮食安全、产业经济、绿色物流和信息化领域中发挥着日益重要的作用。当前，世界范围内的科技革命加速推进，新一代信息通信、新材料、智能制造等新科技变革在粮食领域蓄势待发，全球粮食供求形势复杂变化，深刻影响国内粮食产业发展。现代科技与粮食产业经济发展深度融合，成为推动粮食产业经济转型升级发展的强劲驱动力。但同时，我国粮食科技创新发展还面临着诸多挑战：科技引领粮食行业创新发展和供给侧结构性改革的作用还不突出，科技创新体系与科技服务体系还不健全，产学研用协同创新以及开放共享的体制机制还不完善，科研评价导向不尽合理，科技成果转移转化与产业需求不能有效衔接，创新人才和创新团队培养与行业发展需求尚有差距，在服务全面保障国家粮食安全、促进产业经济向中高端跃升方面还面临一些困难。

"十二五"时期，粮食科技发展处在重要战略机遇期，在这一时期重点发展的科技包括：一是发展农户储粮、绿色储运、清洁加工等技术，保障粮食食品安全；二是以节能技术、先进装备技术改造传统产业，在高新技术产业化应用方面取得一批突破性技术成果，加快技术改造，淘汰落后产能，提高粮食流通效率，满足"低碳经济"的需要；三是加强信息技术、生物技术等一批高新技术在粮食储藏、物流、加工、检测等流通环节应用开发，促进交叉学科的技术融合，培育新兴产业，培育产业新的增长点；四是加大科研成果产业化推广力度，将一批先进成熟技术在产业化应用上先行先试，实现一批企业技术创新的集成示范，培育若干新兴产业骨干企业的示范工程。

（三）粮食技术发展方向与科技政策

工业化、城镇化、农业现代化的同步推进，必将带动粮食产业技术向绿色、智能、环保方向发展深化，绿色储粮技术、高效节能增效技术、信息技术将融入粮食流通产业的各个领域，以科技为先导，实现粮食流通产业现代化，增强粮食产业的竞争力和整体水平，成为产业发展的主流趋势。现代科学技术日新月异，交通运输网络快速发展，将进一步推进粮食仓储、物流、加工的技术升级和条件改善，为降低粮食流通成本、提高粮食流通效率提供了科技支撑。

根据国家粮食局发布的《粮食行业科技创新发展"十三五"规划》，"十三五"期间，我国粮食科技创新的重点领域包括：第一，加强粮食质量安全保障技术研发，提升粮食安全保障能力。重点研究粮食污染的外界因素和内在机制，揭示污染物形成和转化规律的分子生物学和环境生态学基础，为粮食污染预防控制提供基础理论。持续开展粮食质量风险识别监测预警、过程控制和应急处置技术研究，解决粮食在收购、储藏、加工、保鲜、消费等环节质量安全检验、监测、控制和处理关键技术问题。第二，推进绿色生态储粮技术研发，确保储粮安全。加强安全储粮基础研究，攻克粮食收购、储藏作业的共性关键技术，集成示范安全储粮技术，推广应用先进的绿色生态储粮技术成果。第三，加强粮食现代物流技术研发，提高粮食物流效率和水平。开展系统化粮食物流技术及配套装备研发和示范应用，突破制约粮食物流现代化的技术瓶颈。第四，加强粮食深加工转化技术研发，延伸粮食产业链条。研究我国粮食及其加工副产物的特征与现状，开展粮食加工副产物高效利用研究开发与技术应用示范，开展粮食深加工的共性技术、粮食及加工副产物的食品化利用技术研发。第五，加强粮食加工装备技术研发，引领技术更新和产业升级。积极开展粮食加工技术及装备研究开发，提升加工装备技术水平。第六，加强口粮营养健康技术研发，增加优质粮食食品供给。加强粮食加工新技术、新工艺、新装备、新标准与新产品的研发。第七，加快粮情监测预警技术研发，夯实粮食行业信息化基础。第八，加强粮食安全战略研究，升级现代粮食产业发展模式。

第三节　粮食市场调控政策体系

一、粮食市场宏观调控的总体框架

市场化条件下粮食宏观调控体系：①总体框架："中央领导下的'省长负责制'"；

②粮食调控核心："广积粮、好积粮、积好粮"（李克强，2013），核心是紧张粮源、原粮，通过原粮调控市场；③调控路径：通过最低收购价等政策鼓励生产，通过收储管理政策强化政府储备粮的管理，通过储备粮投放调控市场价格。

我国粮食市场调控体系实行"中央垂直调控 + 地方省长负责制"双层运行机制，从理论上来说，粮食市场调控效率必然受到中央与地方粮食调控部门协调机制的影响。中央储备实行储备粮垂直管理体系，粮食市场调节主要由国家发改委、中储粮总公司、国家粮食局等部分共同确定储备粮的轮换或吞吐规模及价格，从而对粮食市场进行调节。地方储备粮食参照中央储备体系管理方式而成立，地方储备又包括了省储、市储、县储，基本以原粮为主，具体调节方式主要由地方政府及相关管理部门决定，从而稳定地区粮食市场波动。

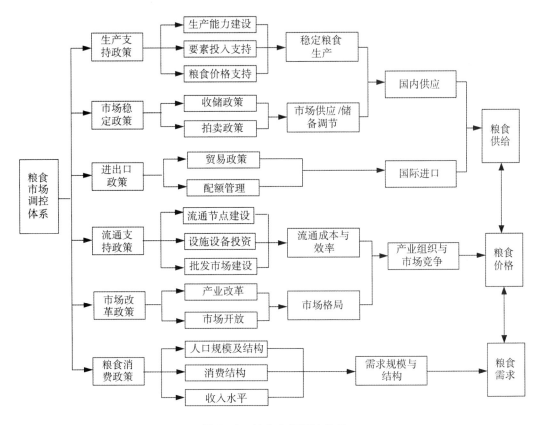

图 4 - 2　粮食市场调控体系

二、粮食收储调控体系

我国粮食收储调控体系包括粮食收储政策，具体政策包括《小麦最低收购价预案》、

《粳稻最低收购价预案》和《玉米临时收储政策》等；储备粮食调控政策主要是依托《中央储备粮管理条例》对储备粮进行轮换及管理，以此调节粮食市场供求与市场波动。为了规范粮食储备管理体系，2001 年，国家粮食局、财政部与中国农业发展银行共同制定了《中央储备粮油轮换管理办法（试行）》，明确了中央储备粮油的轮换品质控制，审批权限、程序和责任，轮换财务和统计处理以及资金管理等事项，以保障国家储备粮油质量和储存安全。2003 年，国务院颁布施行了第 388 号令《中央储备粮管理条例》，该条例对中央储备粮的计划、储存和动用等各个环节都做出了全面的规定，这是我国第一部规范中央储备粮管理的行政法规，并且以此为基础，还规范推行了与中央储备粮相关业务的行政法规，现在已经形成了比较完善的中央储备粮管理制度体系。

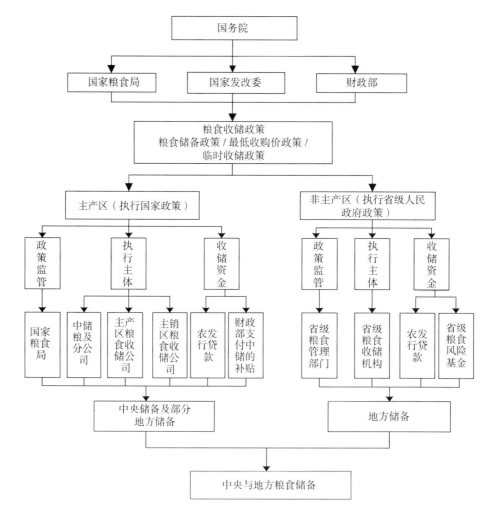

图 4 - 3　粮食收储体系

三、粮食竞价拍卖体系

政策性粮食竞价销售。政策性粮食竞价销售与粮食临时收储互为一体、相辅相成，共同发挥粮食储备在稳定市场预期、平抑市场波动方面的作用。该项政策主要包括对国家粮食临时储备的公开竞拍及定向销售，专项储备的轮换、抛售。目前小麦、稻谷、玉米、大豆等政策性临时储备公开竞拍已实现常态化，定期在相关批发交易市场进行。

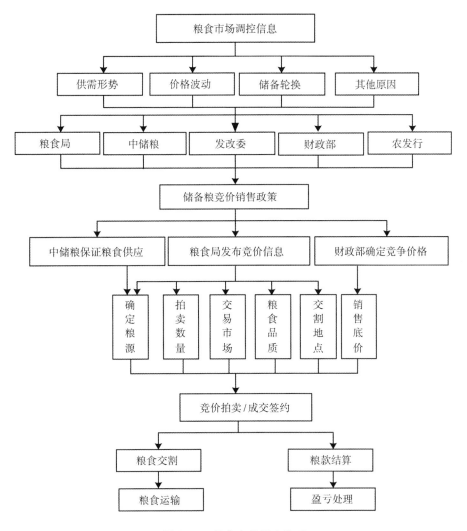

图 4 - 4　粮食竞价拍卖体系

2006 年 12 月国家发展改革委、财政部、国家粮食局、中国农业发展银行、中国储备粮管理总公司联合印发了《国家临时存储粮食销售办法》，要求各地充分发挥存储粮对市场的调节作用，保证市场粮价在合理水平上基本稳定。主要内容为：由国家粮食局和中储粮总公司根据市场需求，结合粮食库存条件和时间，确定粮源；由国家粮食局公告进行竞价销售的交易市场和投放数量，并委托交易市场提前公告粮食品质和交割地点，由财政部确定临时存储粮竞价销售底价；通过在粮食批发市场常年公开竞价的方式销售，保证市场供应实现库存轮换，以加强对粮食市场的宏观调控。《国家临时存储粮食销售办法》规定，最低收购价粮食由国家有关部门组织销售，单独核算，盈利上缴中央财政，亏损由中央财政负担；销售底价由财政部确定，交易价格不得低于销售底价；粮源和交易标的由中储粮提供，并作为卖方代表与买方签订合同（谭砚文等，2014）。

第五章　中国的粮食国际贸易政策

我国粮食进出口贸易政策的演变与是否加入世界贸易组织（The Word Trade Organization，WTO）有着密切的联系。WTO作为全球性最重要的多边贸易组织，致力于削减各成员国贸易壁垒，推动贸易自由化。在20世纪70年代到80年代期间，全球兴起贸易保护主义。为防止贸易自由化的倒退，WTO在1986年启动了乌拉圭回合谈判。这次谈判首次将粮食纳入贸易自由化的轨道当中，粮食市场准入、出口补贴以及国内支持成为谈判的焦点。乌拉圭回合谈判最终达成的《农业协定》，使各成员国进行粮食贸易时更有据可循、有法可依，这也成为新一轮多哈回合农业谈判的基础。多哈回合将农业议题放在核心地位，明确了发达国家和发展中国家的权利和义务，进一步推动贸易自由化。然而，因涉及各国利益，多哈回合进展缓慢，直到2013年12月7日的印度巴厘岛谈判才取得了突破性进展。巴厘岛谈判依然重视农业贸易问题，粮食公共储备、关税配额管理体制以及出口竞争成为农业谈判的焦点。由此可见，随着世界经济一体化的深入发展，WTO对各成员国的粮食市场准入、出口补贴和国内支持政策提出来越来越高的要求。各成员国在要求其他国家开发国内市场的同时，也要努力维护自身的农业利益。

我国粮食进出口贸易政策发生调整的重要判断依据是以加入WTO的时间点来界定的，可以分为两个阶段：第一阶段是未加入WTO时期。这一阶段所受国际规则约束较少，在制定贸易政策时较为自由，主要从自身利益出发，制定适合我国粮食发展的贸易政策。第二阶段是加入WTO时期。一方面表现为粮食进口准入门槛价格低。根据WTO要求以及我国的"入世"承诺，我国需要不断降低粮食关税税率，削减粮食非关税壁垒措施。这表明，我国粮食市场的开放程度将会不断提升，国际粮食市场对我国国内粮食市场的渗透会进一步扩大，冲击会进一步增强。与此同时，用来保护国内农业生产发展、应对国外粮食竞争与冲击的进口贸易政策的调整却变得相对困难。另一方面表现为粮食出口竞争优势被削弱。农业政策及贸易政策受多边贸易协定的限制，在出口竞争问题上，按照《中国加入世界贸易组织法律文件》的相关规定和承诺进行调整，出口补贴被限制。此外，WTO还通过将粮食国内支持政策区分为"绿箱政策"和"黄箱政策"，以明确各国在削减国内支持政策方面的权利和义务，为此，我国应该如何在履行 WTO 义务的同时，更好地支持国内农业的发展成为了我国粮食进口贸易政策调整中的重要内容。

就当前我国粮食供求关系与价格变动趋势来看，我国粮食产需大体处于紧平衡状态。我国粮食进出口安全存在的主要问题表现在对外依赖程度逐渐加深、粮食进出口结构不平衡加剧等方面。保障国家粮食安全的现实诉求与 WTO 扩大国内粮食市场开放程度的要求背离，这使得我国粮食进出口贸易政策的制定和调整面临重大挑战。因此，对我国粮食进口贸易政策的调整是保护我国农业健康发展、巩固农业基础地位的必然选择，也必将成为我国未来一段时期的工作重点。本章主要从市场准入、出口竞争和国内支持三个方面对我国粮食进出口贸易政策进行梳理。

第一节　市场准入政策

市场准入在世界贸易组织《农业协定》里主要是指一个国家允许进口的每种商品的数量各是多少，允许国外资本和劳务对国内的参与是多少。每个国家都希望自己处于贸易顺差地位，也就是说进口得越少越好，出口得越多越好。所以，每个国家都在寻找和实施各种各样的关税及非关税措施使得自己处于贸易顺差地位。而这些关税及非关税措施使得各个国家之间贸易往来不公平、不公正，贸易争端和摩擦增多，不利于世界贸易的良好发展，也不利于整个人类的总福利的增长。所以《农业协定》中规定所有加入世界贸易组织的国家需要把非关税措施明朗化，即把一切非关税措施转化成相应的关税措施，然后再进行关税削减，这即是我们常提到的关税化。

一、中国粮食进口贸易发展趋势

1. 粮食进口总额不断攀升

从图 5－1 中可以看出，我国近年粮食进口贸易规模呈现攀升势头。以 2008 年为界，粮食进口分为两个阶段：2000～2008 年粮食进口处于平缓增长阶段，且变动方向缺乏持续性；2009～2015 年粮食贸易增长快速，且基本趋于持续增长状态。"入世"使我国的粮食市场更加开放，即使在金融危机给全球经济带来负面影响最大的 2008 年，我国粮食对外贸易额仍未下降，并且于 2009 年跳跃式增长至 5573.5 万吨，其中谷物进口量比上年同期上升 120% 以上，玉米进口量约为上年同期的 27.6 倍，小麦进口量是上年同期的 2.9 倍。粮食大量进口反映出 2008 年的金融危机并未改变我国粮食进口进一步上升的趋势，2014 年我国粮食进口总额达到 10080.1 万吨，为近年最高，约为 2001 年的 7.34 倍。

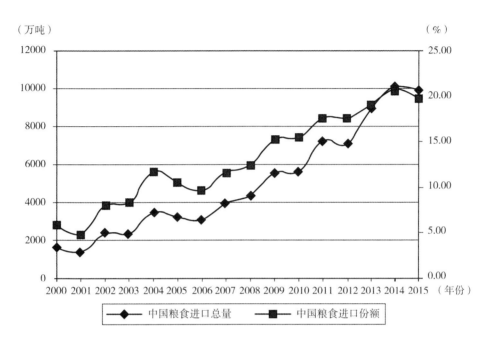

图 5 - 1　中国粮食进口贸易实物量及进口份额

资料来源：美国农业部网站（USDA）。

2. 我国粮食进口规模增幅较大

我国粮食进口贸易增速惊人。2000 年以来，除在 2001 年、2005 年以及 2006 年出现相对明显的负增长之外，其余年份基本为正增长，2002 年增长率最高，达到 74%。且与世界粮食进口贸易相比，增长幅度较大，2000 年以来年均增长率为 15.07%，是世界粮食进口增长率 4.22% 的 3.57 倍。从图 5 - 2 中可以看出，我国粮食进口增长率呈波动性减小趋势，粮食进口增长率波动具有与世界粮食进口增长率趋同性。

3. 谷物进口规模低于关税配额限制

关税配额是一种进口国限制进口货物数量的措施。我国对进口谷物数量制定一定的数量限制，在关税配额内进口的货物可以适用较低的税率或免税，但对于超过限额后所进口的货物则适用较高或一般的税率。近几年，我国粮食进口关税配额数量基本没有发生变化，小麦、玉米和大米三大主粮的进口关税配额总量为 2215.6 万吨。其中，小麦 963.6 万吨，玉米 720 万吨，大米 532 万吨。从表 5 - 1 中可以看出，小麦、玉米和大米多年来进口规模一直低于关税配额限制。同时，我国是世界玉米生产和消费大国，常年产量和消费量都在 1.5 亿吨以上，即使 720 万吨配额玉米全部进来，占国内市场的比例也不超过 5%，对国内市场影响有限。

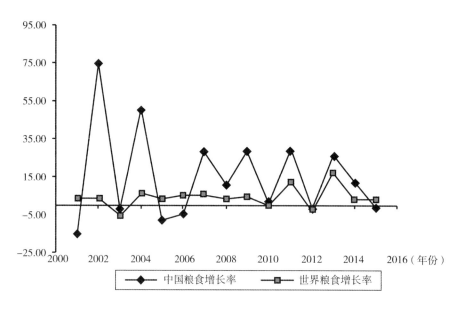

图 5-2　中国粮食和世界粮食进口贸易年增长率

4. 粮食进口品种结构不平衡

我国粮食进口品种主要有大豆、大麦和小麦。粮食进口品种结构不合理表现在两个方面：

（1）近年来，居民对肉、蛋、奶和食用大豆的饮食需求增加以及国内食用植物油短缺等因素致使大豆进口增加迅速，成为主要的粮食进口品种，并呈持续飙升态势。从表 5-1 中可以看出，大豆所占份额在 2007 年达到最高，为 96.2%。而历年来谷物的进口量相对于大豆来说只有很少的一部分。

表 5-1　2000~2015 年中国粮食分品种进口贸易实物量

单位：万吨

年份	大豆	份额（%）	谷物										粮食进口总计
			小计	份额（%）	其中								
					大麦	份额（%）	小麦	份额（%）	稻米	份额（%）	玉米	份额（%）	
2000	1324.5	82.2	285.9	17.8	230.5	14.3	19.5	1.2	27	1.7	8.9	0.55	1610.4
2001	1038.5	75.6	334.8	24.4	191.3	13.9	109.2	8.0	30.4	2.2	3.9	0.28	1373.3
2002	2141.7	89.6	249.7	10.4	179.2	7.5	41.8	1.7	25.8	1.1	2.9	0.12	2391.4

续表

年份	大豆	份额（%）	谷物											粮食进口总计
			小计	份额（%）	其中									
					大麦	份额（%）	小麦	份额（%）	稻米	份额（%）	玉米	份额（%）		
2003	1693.3	72.6	639.2	27.4	151.9	6.5	374.9	16.1	112.2	4.8	0.2	0.01		2332.5
2004	2580.2	73.2	942.9	26.8	204.9	5.8	674.7	19.2	60.9	1.7	2.4	0.07		3523.1
2005	2831.7	87.5	403.9	12.5	221.7	6.9	112.9	3.5	65.4	2.0	3.9	0.12		3235.6
2006	2872.6	93.5	200.3	6.5	112.7	3.7	38.8	1.3	47.2	1.5	1.6	0.05		3072.9
2007	3781.6	96.2	147.6	3.8	109.1	2.8	4.9	0.1	29.5	0.8	4.1	0.10		3929.2
2008	4109.8	94.4	241.6	5.6	155.1	3.6	48.1	1.1	33.7	0.8	4.7	0.11		4351.4
2009	5033.8	90.3	539.7	9.7	234.1	4.2	139.4	2.5	36.6	0.7	129.6	2.33		5573.5
2010	5233.9	92.7	413.7	7.3	165.6	2.9	92.7	1.6	57.5	1.0	97.9	1.73		5647.6
2011	5923.1	81.7	1330.5	18.3	254.1	3.5	293.3	4.0	260	3.6	523.1	7.21		7253.6
2012	5986.5	84.1	1134.6	15.9	218.1	3.1	296	4.2	350	4.9	270.2	3.79		7121.1
2013	7036.4	78.4	1939.1	21.6	489.1	5.4	677.3	7.5	445	5.0	327.7	3.65		8975.5
2014	7835	77.7	2245.1	22.3	985.9	9.8	192.6	1.9	515	5.1	551.6	5.47		10080.1
2015	8300	83.8	1600	16.2	700	7.1	200	2.0	500	5.1	200	2.02		9900

资料来源：美国农业部网站。

（2）表5－2给出了中国主要进口粮食品种占世界分品种粮食进口实物量份额。其中大豆占世界大豆进口总量份额急剧上升。2013年达到最大值，占到世界大豆进口总量的63.71%。而玉米、稻米、小麦虽然近年来进口总量有所增加，但从占世界进口份额来看，依然较小。

表5－2 中国主要进口粮食品种占世界分品种粮食进口实物量份额

单位：%

年份	大麦	玉米	稻米	小麦	大豆
2000	0.85	0.12	1.11	0.19	24.89
2001	0.81	0.05	1.09	0.99	19.16
2002	0.44	0.04	0.94	0.38	33.94
2003	0.44	0.00	4.14	3.59	31.26
2004	0.33	0.03	2.20	5.98	40.57
2005	0.39	0.05	2.25	0.99	44.08
2006	0.25	0.02	1.48	0.34	41.59
2007	0.15	0.04	1.00	0.04	48.40

年份	大麦	玉米	稻米	小麦	大豆
2008	0.20	0.06	1.15	0.34	53.25
2009	0.24	1.40	1.16	1.03	57.45
2010	0.19	1.07	1.59	0.69	58.97
2011	0.16	5.04	6.65	1.91	63.39
2012	0.14	2.70	9.12	2.01	62.43
2013	0.23	2.51	10.09	4.17	63.71
2014	0.32	4.31	12.03	1.19	63.44
2015	0.25	1.49	12.09	1.19	63.47

资料来源：根据美国农业部网站相关数据计算获得。

5. 粮食进口地区相对集中

表5-3给出了2015年我国主要品种粮食的主要进口来源地和数量。可以看出，我国作为世界上主要的大豆进口国，依赖海外供应来满足国内一半以上的大豆需求。主要进口来源地为巴西、美国、阿根廷、乌拉圭、加拿大，从这几个国家进口的大豆几乎占进口总量的99.9%以上。小麦进口主要来源地为加拿大、美国和澳大利亚三个国家，这三个国家分别占进口总量的57.72%、24.3%、16.32%，共计占中国小麦进口的98.35%。玉米进口主要来源于乌克兰和美国。目前，中国大米的主要进口市场集中在亚洲。2015年，中国从越南、泰国、巴基斯坦、柬埔寨、老挝和缅甸进口的稻米占总进口量的99.87%，集中程度较高。

表5-3 2015年中国粮食品种主要进口来源地和数量

单位：万吨

大豆		小麦		大麦		玉米		稻米	
进口来源地	数量	进口来源地	数量	进口来源地	数量	进口来源地	数量	进口来源地	数量
巴西	4007.76	加拿大	98.6	法国	442.37	乌克兰	385.08	越南	179.43
美国	2841.45	美国	41.53	澳大利亚	436.23	美国	46.18	泰国	93.14
阿根廷	943.84	澳大利亚	27.88	加拿大	104.22	保加利亚	16	巴基斯坦	44.26
乌拉圭	231.78	哈萨克斯坦	2.62	乌克兰	82	老挝	12.48	柬埔寨	11.18
加拿大	107.11	法国	0.2	阿根廷	4.5	俄罗斯	8.25	老挝	5.24
俄罗斯	37.35			丹麦		缅甸	4.83	缅甸	1.33

资料来源：中国海关信息网。

二、粮食进口关税政策

关税是指进出口商品在经过一国关境时，由政府设置的海关向进出口商品所征收的税收。关税具有强制性和无偿性的特征，因此关税政策通常是用来维护国家的经济利益、促进国内工农业生产发展强硬而有效的手段。关税分为进口关税和出口关税。本章主要从关税水平、关税升级和关税高峰三个层面来讨论粮食进口关税。

第一，粮食进口关税水平。新中国成立后到改革开放前，出于对农产品市场保护目的，我国粮食进口关税水平设置得很高，远远超过其他进口产品的平均水平。改革开放到1992年市场环境发生了巨大的变化，关税政策随之发生了很大的调整。但是，国家对农产品的保护力度并没有因此而减弱，对农产品关税只是进行略微下调，并且涉及的产品范围也很有限。1992年之后，为了扩大对外开放，促进贸易自由化，我国多次自主降税。特别是"入世"后，国家更是加大了关税下调的幅度。汪明珠（2014）在 Anderson - Neary 贸易限制指数理论的基础上，运用可计算的一般均衡模型，测算了我国关税保护水平。结果表明，加入 WTO 以后，我国粮食关税水平总体不高，对粮食的保护力度远远不够，这将严重制约国内粮食产业的发展（卢东伟，2008）。因此，调整关税结构和关税水平，积极推动合理的国际粮食贸易环境，对中国农业发展具有重要的意义。

第二，粮食关税升级现象。关税升级是国家保护国内加工业的一种措施。进口产品加工程度越高，则对其所征收的关税也越高。我国农产品关税升级现象比较普遍。然而，这一保护措施主要应用于蔬菜、糖和烟草等商品中，粮食关税升级现象并没有那么明显。这体现了我国对粮食半成品加工行业的保护不够。因此，进一步加强粮食产业的关税升级，有利于保护国内粮食加工产业的发展，对构建粮食安全有重要的意义。

第三，粮食关税高峰现象。根据 WTO 的定义，关税高峰是指某项产品的税率高于其平均最惠国关税税率的3倍以上。当某一粮食商品的税率高于其最惠国平均税率的3倍，则该粮食产品便具有了关税高峰的特点。满足关税高峰的粮食产品越多，国家对粮食的保护程度也越高。据世贸组织统计，中国粮食产品中，小麦、玉米、谷物和大米的税率符合关税高峰特征。然而，从表5-4中可以看出，这些粮食产品的关税高峰都体现在普通税率和最惠国税率中，而与关税配额相配合的配额内税率依然很低。这就说明，对主要粮食产品的实际进口门槛并不高，对粮食产品的保护也仅仅是流于表面。因此，需要调整粮食关税高峰结构，从而保障粮食安全。

表5-4 中国主要粮食品种关税税率

单位：%

品种	最惠国税率	普通税率	配额内税率
小麦	65	180	1
玉米	20~65	130~180	1~10
稻谷和大米	10~65	70~180	1~9
大麦	3~65	50~160	—
大豆	0~3	180	—

资料来源：2015年《中华人民共和国海关进出口税则》。

三、粮食非关税壁垒政策

（一）进口关税配额政策

关税配额体制是在乌拉圭回合多边贸易谈判中，为解决部分敏感农产品的市场开放问题而建立起来的，是农产品市场准入方面的重要内容之一。关税配额政策是一种限制货物进口的措施，然而进口国并不会绝对限制商品的进口总量，而是在一段时期内，对某个产品的进口量预先规定一个限额，对限额内进口的货物可以适用较低的税率或免税，对于超过限额后所进口的货物则适用较高或一般的税率。表5-5是2015年主要进口粮食产品进口配额税率、实际进口量和额度。我国粮食商品进口配额完成率总体较低。小麦、玉米和大米的配额都没有达到。这已然成为制约市场准入有效性的巨大障碍，因为配额完成率低必然会导致国外相关粮食产品大量进入国内，造成大量贸易逆差，对粮食安全造成危害（柯炳生、韩一军，2003）。程杰（2009）从理论根源和实证分析两个角度研究了配额完成率低的原因。他认为，农产品关税配额未完成主要因为：①农产品进口需求较低；②关税配额管理的交易成本过高。因此，针对配额关税形同虚设的问题，一方面需要采取有效措施增加国内粮食的进口需求，另一方面应积极推进粮食配额分配程序和申请成本的下调。

表5-5 2015年中国主要粮食品种进口配额税率和额度

单位：万吨，%

品种	配额内关税	配额外关税		配额量	实际进口量
		优惠税	普通税		
小麦	1	65	180	963.6	200
玉米	1~10	20~65	130~180	720	200
稻米	1~9	10~65	70~180	532	500

资料来源：全关通数据库。

（二）特许经营

我国粮食特许经营政策带有浓郁的国有色彩。"入世"前，实行粮食特许经营政策的途径是专门成立国有外贸公司。这些公司专门负责粮食商品的进出口贸易。国家可以通过控制这些国有公司的贸易活动来达到调控粮食交易规模的目的。"入世"后，我国严格按照《中国加入世界贸易组织法律文件》的相关规定对特许经营政策进行调整。对小麦、大米和玉米等粮食产品实行国营贸易，并承诺除了指定的国有企业可以进行粮食商品对外贸易以外，部分非国有企业也有一定的贸易配额指标。并且配额指标还会逐步提高。与之相关的法规主要有《货物进出口管理条例》、新《货物进口许可证管理办法》、新《货物出口许可证管理规定》、《粮食进口关税配额管理暂行办法》、新《外贸法》等。不管在"入世"前还是在"入世"后，获得政府授权进行粮食贸易的这些企业都能凭借着垄断性和歧视性体制在外贸活动中获益丰厚。据世贸组织统计，自 2007 年起，获得政府授权进行粮食贸易的国有企业拥有小麦进口配额的 90%、玉米进口配额的 70%、大米进口配额的50%。此外，这些国有企业粮食特许经营的特殊地位还通过许可证制度体现出来。我国粮食产品许可证制度对进口商品的国别不作区别对待，即使非世贸成员商品也不受歧视。许可证的发放由商务部按年度组织签发，国有企业在获得许可证方面具有巨大优势。因此，特许经营政策很容易为国有粮食外贸企业滋生"寻租行为"创造条件。应通过建立信息披露机构、制定完善的特许经营范式合同以及加强对特许经营企业的监督管理等措施来减少"寻租行为"发生的可能性。

（三）食品卫生检疫

食品卫生检疫制度在我国起步较晚，直到 20 世纪 80 年代末才初成体系。"入世"后，由于世贸组织有约束成员国降低贸易关税的规定，因而食品卫生检疫制度逐渐成为各个国家贸易保护新的方式。尽管 WTO/TBT，WTO/SPS 协定对此作出种种限制，食品卫生检疫制度的高技术性、隐蔽性、强制性等特点使它成为最快捷、最有效、成本最低的市场准入壁垒。我国的一些法律法规涉及食品卫生检疫制度。如《进出境动植物检疫法》对通过我国关境的动植物及其制品在人体健康和环境安全等方面作出强制性规定，也对包装、储运等方面作出规范。另如《国境卫生检疫法》规定，来自任何原产地的粮食、食品和添加剂等必须接受我国相应检验检疫和质检部门的检测和监控。然而，我国食品卫生检疫相关法律法规多年来没有做过调整，很多内容与实际情况以及世贸规则不相符。特别是国家检疫标准和地方检疫标准不统一的问题严重制约了检疫制度对贸易保护的有效性。因此，必须加快推进完善食品卫生检疫制度的工作。在立法上，注重与相关法律法规的协调的同时要与 WTO 规则相衔接。在机构设置上，强化中央统一领导，在合理的地方设置出入境检验检疫机构并进一步明确相关部门的法律职责。在行政执法上，要加强执法培训，加大执法力度，提高执法效率。从而逐步完善我国食品卫生检疫制度，使之符合世贸规则，发挥国家粮食贸易保护的作用。

（四）生物技术安全政策

生物技术安全包含了标签和原产地认证等方面的内容。作为新型的贸易壁垒，生物技术安全在国际贸易中扮演了越来越重要的角色。

第一，标签要求。所谓标签，就是附贴在商品上的文字说明、符号和图像等。其内容包含了产品的名称、产品的成分、产品的数量、产品的使用方法以及注意事项和警示标识等。因涉及人类健康问题，各国对进口本国的商品都有严格的标签要求。美国是世界上食品标签要求最为严谨的国家，要求强化食品附加营养标签，对标签的具体内容做了明确的规定。严格的标签制度对国外进口食品提出了很高的要求，形成了很强的市场准入壁垒。我国对进口粮食标签也有硬性要求，如进口粮食标签必须有正确的中文说明等（何翔，2013）。由于我国现今的粮食标签制度还远远不如很多发达国家那么完善，因此标签制度对我国农产品进口保护水平并没有许多发达国家那么高。所以，需要借鉴发达国家食品标签制度的经验，制定出符合本国现实情况的粮食标签制度，发挥标签制度贸易壁垒作用，这对粮食安全有重大的意义。

第二，原产地认证。认证制度具有披露商品信息的功能。对粮食和产品实施原产地认证制度，一方面可以规范粮食安全责任，另一方面可以对国外粮食进口设置准入门槛。我国原产地认证制度由专门的原产地认证条例负责规范。外国粮食原产地证书须由出口国商检机构、行业协会或出口商自具。当粮食产品经过多个国家加工时，根据"增值最大"原则来认定原产地国家。原产地认证制度可以明确农产品贸易中贸易双方的责任，对粮食安全的建立有着重要的意义。然而，我国现行的原产地认证制度与农业联系还不够紧密，认证过程也不够规范。因此，需进一步加强原产地认证制度的建设工作，重点要做好以下几个方面：一是将原产地认证制度跟现有的涉农认证进行整合，充分发挥对粮食的贸易保护作用；二是规范认证流程，为粮食商品的认证提供完善的技术法规、合格的评定程序、统一的收费标准；三是积极推动国际互认，解决国际贸易中不必要的重复测试、检验、认证问题。

第二节　出口竞争政策

出口竞争政策可以概括为出口直接补贴政策和出口间接补贴政策两个方面。出口直接补贴即对出口产品实行补贴，包括价格补贴、实物补贴以及发展中国家可以享受的对出口产品的加工、仓储、运输补贴。而出口间接补贴，则包括出口信贷、粮食援助、出口退税等形式（刘键洋等，2013）。1994 年之前，出口补贴是出口竞争中运用最广泛的形式。"入世"后，我国的农业政策及贸易政策受多边贸易协定的限制，在出口竞争问题上，不得不按照《中国加入世界贸易组织法律文件》的相关规定和承诺进行调整，不再使用出口补贴。按照 WTO 出口补贴的冻结禁止规则，我国政府承诺对出口的任何产品不再实行直接补贴政策。

一、中国粮食出口贸易发展趋势

1. 粮食出口规模持续缩小

由于我国国内粮食需求的刚性增长，我国粮食出口呈下降趋势，出口规模持续缩小。2015 年中国包括大豆在内的粮食出口总量仅为 160 万吨，比 2000 年减少了 835.4 万吨（见表 5 - 6），在世界粮食出口贸易中所占的份额也从 2000 年的 3.85% 进一步下降到 0.34%，远低于中国粮食进口份额。2003 年由于粮食出口乏力，粮食贸易首次出现了较大波动，对外贸易净出口数量猛增至 - 1023 万吨。而 2004 年粮食进口配额的提高又刺激了国内粮食进口，粮食净出口数量进一步扩大到 - 2337.6 万吨。2004 年以后，我国粮食贸易连年逆差。在进口不断增长和出口不断减少的双重作用下，粮食贸易净出口数量不断扩大，对国内市场造成了巨大冲击（见图 5 - 3）。

表 5 - 6　2000 ~ 2015 年中国粮食分品种出口贸易实物量

单位：万吨，%

年份	大豆	份额	谷物									粮食出口总计
			小计	份额	其中							
					玉米	份额	小麦	份额	稻米	份额		
2000	20.8	2.1	974.6	97.9	727.6	73.1	62.3	6.3	184.7	18.6		995.4

续表

年份	大豆	份额	谷物									粮食出口总计
			小计	份额	其中							
					玉米	份额	小麦	份额	稻米	份额		
2001	30	2.4	1208.6	97.6	861.1	69.5	151.2	12.2	196.3	15.8		1238.6
2002	26.5	1.3	1954.5	98.7	1524.4	77.0	171.8	8.7	258.3	13.0		1981
2003	31.9	2.8	1125.7	97.2	755.3	65.2	282.4	24.4	88	7.6		1157.6
2004	39	4.0	941.6	96.0	758.9	77.4	117.1	11.9	65.6	6.7		980.6
2005	35.4	5.3	634	94.7	372.7	55.7	139.7	20.9	121.6	18.2		669.4
2006	44.6	4.5	939.2	95.5	526.9	53.6	278.3	28.3	134	13.6		983.8
2007	45.3	9.4	435.3	90.6	54.9	11.4	283.5	59.0	96.9	20.2		480.6
2008	40	19.2	167.8	80.8	17.2	8.3	72.3	34.8	78.3	37.7		207.8
2009	18.4	10.0	166.2	90.0	15.1	8.2	89.2	48.3	61.9	33.5		184.6
2010	19	11.0	153.9	89.0	11.1	6.4	94.1	54.4	48.7	28.2		172.9
2011	27.5	17.1	133.6	82.9	9.1	5.6	97.8	60.7	26.7	16.6		161.1
2012	30	16.7	149.7	83.3	8.1	4.5	96.9	53.9	44.7	24.9		179.7
2013	21.5	14.1	130.7	85.9	2.5	1.6	88.9	58.4	39.3	25.8		152.2
2014	14.3	10.4	122.8	89.6	2.5	1.8	80.3	58.6	40	29.2		137.1
2015	15	9.4	145	90.6	5.0	3.1	100	62.5	40	25.0		160

资料来源：根据美国农业部网站相关数据计算获得。

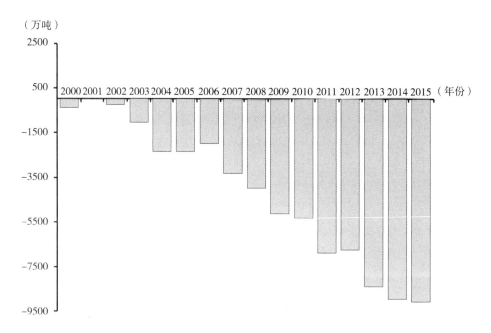

图5-3　中国粮食净出口数量

2. 粮食出口品种变化较大

我国主要粮食出口产品变化较大。在 2006 年以前，主要品种为玉米和小麦；2006 年以后，小麦和稻米成了主要的粮食出口品种。2000～2006 年，玉米是我国主要粮食出口产品，占粮食出口总量的 50% 以上，自 2006 年以来，由于我国玉米贸易政策的变化，出口量急剧下降，2007 年玉米出口 54.9 万吨，仅占粮食出口总量的 11.4%，其后呈逐年下降的趋势，2015 年玉米出口量仅占粮食出口总量的 3.1%。小麦的出口数量呈现波动性增长后又减少的趋势，由于玉米出口的急剧减少，小麦占粮食出口总量的份额出现快速增长的趋势，至 2015 年，出口份额达到 62.5%。稻米出口总量整体呈波动性减少的趋势，但由于玉米出口总量的急剧减少，所占份额则呈波动性增加，2015 年，稻米占粮食出口总量的25%。相对进口而言，我国大豆的出口比较稳定，年均出口量约为 25 万吨。表 5-7 给出了中国主要粮食品种占世界分品种粮食出口实物量份额，整体来看，我国各粮食品种占世界粮食出口份额均较低。玉米、小麦和稻米出口所占份额与进口份额具有明显的负相关关系，说明我国这三种粮食进出口贸易是调剂余缺。

表 5-7　中国主要粮食品种占世界分品种粮食出口实物量份额

单位：%

年份	玉米	小麦	稻米	大豆
2000	9.52	0.60	7.57	0.39
2001	11.55	1.37	7.06	0.56
2002	19.53	1.56	9.38	0.43
2003	9.55	2.70	3.25	0.57
2004	9.96	1.04	2.37	0.60
2005	4.51	1.23	4.18	0.55
2006	5.77	2.41	4.21	0.63
2007	0.56	2.43	3.27	0.58
2008	0.21	0.50	2.66	0.52
2009	0.16	0.66	1.96	0.20
2010	0.12	0.70	1.34	0.21
2011	0.09	0.64	0.68	0.30
2012	0.08	0.66	1.16	0.30
2013	0.02	0.55	0.89	0.19
2014	0.02	0.50	0.93	0.11
2015	0.04	0.60	0.97	0.11

资料来源：根据美国农业部网站相关数据计算获得。

3. 粮食出口地区相对集中

我国粮食出口的国际市场主要分布在亚洲邻近国家（美国除外）。韩国、马来西亚、日本、朝鲜等是中国粮食出口的最主要的目标市场。表 5-8 给出了 2015 年中国粮食品种主要出口目的地和数量，可以看出，我国大豆出口贸易集中度相对较高，主要出口市场为美国、日本和韩国，出口到这三个国家的大豆数量占大豆出口总量的 77%；2015 年我国玉米的出口目的地主要为朝鲜、美国、越南、加拿大和俄罗斯，五个国家总出口量为 1.1 万吨，占玉米出口总量的 99.6%；稻米出口目的地主要为韩国、日本、中国香港、朝鲜、蒙古国、菲律宾和越南，2015 年出口至这些国家和地区的稻米数量占稻米总出口量的 95.17%，集中程度较高。

表 5-8　2015 年中国粮食品种主要出口目的地和数量

单位：万吨

大豆		小麦		大麦		玉米		稻米	
出口目的地	数量	出口目的地	数量	出口目的地	数量	出口目的地	数量	出口目的地	数量
美国	4.24	马来西亚	0.2	美国	0.0025	朝鲜	0.99	韩国	16.3
日本	3.31			中国香港	0.0023	美国	0.065	日本	3.65
韩国	2.69			马来西亚	0.0015	越南	0.026	中国香港	2.12
						加拿大	0.012	朝鲜	1.71
						俄罗斯	0.01	蒙古国	1.67
								菲律宾	0.96
								越南	0.72

资料来源：中国海关信息网。

4. 粮食出口加工程度普遍偏低

对于市场上的任何一个产品，其加工程度越高，该产品的市场价值也越高，粮食出口贸易也不例外。粮食产品经过深加工以后，不仅会具有更好的口感，而且保质期和食用期也会延长。目前，我国粮食加工处理水平普遍偏低，粮食出口主要采取直接销售的方式，这导致我国粮食对外销售利润较低。因为，一方面，粮食加工程度低，其附加值也随之降低；另一方面，低加工的粮食不易保存，容易受到自然环境的影响而变质，而造成粮食出口利润下降，最终影响到粮食加工商利益。

二、出口直接补贴政策

出口直接补贴是指政府在出口商品时，直接付给出口商现金补贴的形式。出口直接补

贴是为了弥补出口商出口产品的国际市场价格低于国内市场价格而造成的损失。1994 年
《农业协定》之前，这种补贴方式广泛地存在于各国的出口竞争当中。以欧盟对粮食的出
口直接补贴最为典型。然而，1994 年《农业协定》规定："'出口补贴'指视出口实绩而
给予的补贴。"由此可知，要构成《农业协定》意义上的出口补贴，必须满足两个条件：
①补贴的存在；②补贴视出口实绩而给予。此时，传统的出口直接补贴已不能满足《农业
协定》的要求，需要作出削减。《农业协定》对出口补贴的削减做了明确的要求：出口补
贴的削减包括出口补贴数量的削减和出口补贴支出的削减两个方面。但削减的具体方面体
现在《模式协定》中，如《模式协定》规定，将 1986～1990 年或者 1991～1992 年两个补
贴水平高峰期的补贴数据作为基期数据。以基期数据作为基数，发达国家承诺在 1995～
2000 年的实施期内，补贴支出和补贴数量水平分别削减 36% 和 21%。并且在 1995 年，二
者都要至少削减 6%，以后的实施期每年削减相同数值。发展中国家因为发展的需要，跟
发达国家的要求有所不同，发展中国家在实施期内，补贴支出和补贴数量水平分别削减
24% 和 14%，在 10 年内执行。同时，发展中国家和落后国家可以提供对运输成本和运费
的补贴。但是不管是发展中国家还是落后国家，如果基期内没有对粮食产品出口提供任何
补贴，则不能再提供或者重新提供补贴。"入世"后，我国严格按照 WTO 出口补贴的冻结
禁止规则，承诺对出口的任何产品不再实行任何形式的补贴政策（蔡映灵，2007），显然，
粮食产品的出口补贴也不再启用。我国在国际粮食贸易实际实施中确实没有再使用任何出
口补贴。

三、出口间接补贴政策

（一）出口信贷政策

出口信贷是间接形式的出口补贴。出口信贷作为一种国际信用贷款方式，是指一国政
府为了刺激和激励本国商品或劳务的出口，而向出口商提供的专项贷款融资。WTO 对出
口信贷特征的描述如下：①出口信贷的目的是支持和扩大出口；②出口信贷的对象为出口
商、进口商或者外国银行；③出口信贷的行为方式是提供贷款；④贷款的提供主体是出口
国政府，不包括商业主体；⑤出口信贷是一种融资方式，是一种国际信贷方式。依据贷款
对象，可将出口信贷分为出口买方信贷和出口卖方信贷。出口买方信贷是指出口国政府支
持出口方银行直接向进口商提供信用贷款或者通过贷款给进口国银行从而间接向进口商提
供信用贷款。出口卖方信贷是指出口国银行直接将贷款贷给本国出口商的一种贷款，出口
商把贷款的利息等成本算在出口商品中，转嫁给进口商。从 1919 年世界上第一家官方出
口信用机构——英国出口信贷担保局成立至今，出口信贷这种方式被越来越多的国家所应

用。进入 21 世纪以来，国际出口信贷市场发展迅速。与国际出口信贷发展相比，我国的出口信贷业务起步相对较晚。中国银行首次在 1980 年开办了出口卖方信贷，之后中国人民保险公司在 1985 年底又开办了出口信用保险业务。1989 年中国人民保险公司受政府委托正式开办机电产品出口信用保险业务。直到 1994 年，中国进出口银行正式成立。出口信贷业务才由中国银行转给中国进出口银行。"入世"后，国务院专门成立中国出口信用保险公司，该公司承办了原先中国进出口银行和中国人民保险公司的出口信用保险业务，这标志了中国出口信贷体系的建立。高海萍（2015）对我国出口信贷政策支持效果进行分析。结果显示，随着出口信贷政策在"入世"后不断地演变，我国出口信贷额度也呈现不断上涨的趋势。出口信贷政策刺激了进出口贸易，改善了进出口商品的结构，最终促进了GDP 的提高。王新等（2008）以江苏省农产品出口情况为基础样本，对比分析了欧美等发达国家的农业出口信贷政策后指出，农产品出口信贷政策有利于扩大农产品出口数量，促进农民增收。然而我国虽然是粮食出口大国，粮食出口支持体系却还不健全，粮食出口信贷制度还不完善（张江松，2012）。针对这个问题，需要从以下几个方面进行调整：①规范出口卖方信贷，大力发展买方信贷，增加筹资渠道；②完善出口信贷担保，扩大出口信贷担保范围，建立出口信贷再担保体系；③发展出口信用保险，创新投保方式以适应粮食出口企业的特点，加强出口信用保险的立法工作。通过这些措施来加强中国粮食出口的竞争力，实现粮食产业的快速发展。

（二）出口退税政策

出口退税是指一个国家或地区对已报送离境的出口货物，由税务机关将其在出口前的生产和流通环节已经缴纳的增值税、消费税等间接税税款退还给出口企业的一项税收制度。出口退税作为一种有效的贸易促进政策，已经被各国广泛接受。我国出口退税政策起步较晚，直到 1985 年出口退税制度才正式确立。1994 年税制改革，明确了出口退税应退还增值税和消费税。"入世"后，对外贸易获得空前的发展，为应对国内外经济环境的变化，我国粮食出口退税政策被频繁地使用。例如 2002 年，为改善国内供给，缓解国内农产品价格上涨压力，对出口的大米、小麦、玉米等农产品退税率提升至 13%。2007 年底，为遏制通货膨胀，全部取消小麦、稻谷、大米、玉米和大豆的出口退税。如今，我国粮食出口退税政策经过多年的适应性调整，已经基本能够满足国民经济和社会环境的发展要求。燕丽慧（2011）采用事件分析法对我国农产品出口退税政策效果进行实证分析。本书采用同样的模型对该政策的后续影响展开分析。事件分析法基于这样一个事实：市场理性的情况下，事件的影响会立即反映在金融市场的资产价格中。因此，可以用政策实施后短期内异常出口增长额来度量政策实施的效果。根据公式 $E_t = E_{t1} - E_{t0}$ 可以得到异常出口增长额。其中，E_t 为异常出口增长额，E_{t1} 为当期平均出口水平，E_{t0} 为政策实施前一年的平均出口水平。再建立"累计异常出口增长额"（CAE）这一指标，CAE（N_1，N_2）表示 N_1 到 N_2 时期累计异常出口的总额。如果 CAE 满足标准正态分布，则说明政策实施前后对农产品出口并没有影响。反之，则有影响。实证结果显示，农产品出口退税政策会促进农产品出口总量，同时也会改善农产品出口结构。然而，政策在实施的过程中，还存在退税手续烦琐、缺乏配套的系统政策辅助、退税管理方式和手段低效、退税法制建设不完善等一系列问题。因此，需要规范出口退税实施过程，制定合理可行的规章制度、构建优化便利的办理流程、健全管理职能及手段、建立健全的法制环境以及提供高效运营的平台，从而减少粮食的出口成本，加强粮食出口的国际竞争力。

（三）粮食援助政策

粮食援助最初主要是出于人道主义的目的，为遭受极端自然灾害的国家提供免费粮食供应。然而，随着贸易自由化的程度不断加深，粮食援助的形式也发生了很大的变化。粮食援助的主要形式有三种：紧急粮食援助、计划粮食援助和项目粮食援助。紧急粮食援助是在极端自然灾害和极端粮食不安全状态下的免费粮食供应，占粮食援助总量的60%。计划粮食援助是指将粮食援助的形式货币化，向受援国政府提供购买粮食的贷款，该部分份额占20%。项目粮食援助大多是由联合国粮食规划署和一些非政府组织发起的，用于支持受援国国内具体的活动和项目，相比之下监管较为松散，该部分占粮食援助总额的20%。2005年我国从粮食受援国向捐赠国转变，继而成为世界第三大粮食援助国。中国对不发达国家粮食援助主要集中在亚洲和非洲，对这些国家粮食援助的形式包括实物援助、货币援助以及提供管理经验和技术援助（赵银，2012）。粮食援助一方面可以减少饥饿，处理剩余粮食产品；另一方面，也有助于支持粮食价格。尽管 WTO 约束了紧急粮食援助的范围，禁止非紧急粮食援助的商业替代行为，但从长远来看，粮食援助有助于开拓受援国的粮食市场（陈亚芸，2013）。

第三节　国内支持政策

《农业协定》对国内支持政策的界定是从"有利于农业生产者"这个角度来分析的，即所有有利于农业生产者的措施都属于国内支持的范畴。根据《农业协定》，可将国内支持政策分为绿箱政策、黄箱政策以及蓝箱政策三个类型。

一、绿箱政策

绿箱政策是《农业协定》规定不需要作出减让承诺的国内支持政策，是指政府通过服务计划，提供没有或仅有最微小的贸易扭曲作用的农业支持补贴。农业在国民经济中具有举足轻重的地位，因此任何一个国家在经济发展到一定阶段都需要通过宏观调控以确保本国农业稳定发展。然而，WTO《农业协定》实施后，随着贸易框架的形成和完善，WTO成员国的农业政策开始受到多边贸易体制的约束。充分利用绿箱政策，调整本国的农业政策是新时期对农业支持与保护的重要手段（葛声，2010）。由于各国的自然、经济、政治及社会环境的差异，实施绿箱政策的具体措施也就不尽相同。欧盟模式、美国模式和日本模式就是三大典型模式（林学贵，2013）。绿箱政策包括一般服务，如特定粮食的研究、环境的研究、病虫害的防控、培训服务、咨询和宣传服务、产品检验以及基础设施的建设等。同时又包括公共储备、对国内部分人口提供的粮食援助、自然灾害的救济、农业生产者退出农业生产领域的援助、农业生产者停用土地在内的农业资源的援助，调整结构性缺陷的补助、对贫困人口的补助以及对环境支持的补助等（楚竞男，2007）。钱克明（2002）定量分析了中国绿箱政策的支持结构和效率，并就如何减少政策实施过程中导致的财政资源浪费提出建议。他认为我国对于绿箱政策的使用还不成熟，存在许多问题。主要有以下几个方面：①绿箱政策总支持水平呈上升趋势但总量较小，跟发达国家相比，还有很大的差距。②绿箱政策支持结构不合理。表现在两个方面：一方面，对绿箱政策的使用主要集中在政府财政对一般性的农业生产服务的补贴、保护粮食安全而提供的公共补贴、粮食援助补贴、自然灾害救济补贴、农业环境保护补贴以及对落后地区发展补贴等，而这些政策仅仅占了《农业协定》允许的绿箱政策的一半。另一方面，已经使用的政策之间的分配比例不协调，政府一般服务和粮食安全储备所占比例过大。因此，他认为应采取不同的制度安排和政策建议来鼓励和规范政府的投资行为，同时建立私人部门投资激励机制，以弥补公共投资的不足。针对我国绿箱政策使用存在的这些问题，本书认为还需要借鉴国外成功实践的经验，从以下几个方面进行调整：①加大绿箱政策的支持力度。②优化绿箱政策支持结构，加强对农业科技的投入和对生产者本身的补贴，建立农业信息服务和市场营销服务体系。③完善国内农业立法和执法体系，确保绿箱政策可以有序进行。这样才可以合理分配绿箱政策资源，充分发挥绿箱政策的使用效率。

二、蓝箱政策

蓝箱政策是指在限产的情况下的直接支付不需要削减。为满足欧盟和美国的要求，

《农业协定》第 6.5 条规定，一些与粮食限产计划有关的黄箱政策（如休耕补贴等）可纳入蓝箱政策，免予削减承诺，不受《农业协定》的约束和限制。蓝箱政策和黄箱政策的性质其实差不多，都是以直接支付为手段，都会造成农产品贸易的扭曲。然而，蓝箱政策却以"限产"为幌子而得以存在。篮箱政策所谓的限产也仅仅是针对总量而言。因此，若单独对某一特定的粮食产品实行蓝箱政策，那么对粮食市场的扭曲程度将不弱于黄箱政策。这无疑是给予发达国家一个巨大的粮食贸易便利。而包括我国在内的许多发展中国家由于自身经济实力的有限或者说受相关政策影响而无法使用蓝箱政策（万骏，2015）。武拉平等（2007）在阐述蓝箱政策改革的基础上，借鉴 Brink 采用的"假设削减方案"技术模拟方法，评估中国潜在的蓝箱政策支持水平，并将其与主要利益相关者美国、欧盟、日本、加拿大和巴西做对比。结果显示，蓝箱政策对中国影响不大，而对欧美等发达国家的支持效果更明显。由此可知，蓝箱政策的存在对发展中国家很不公平。我国必须采取有效措施来应对蓝箱政策带来的不利条件。可以从以下几个方面努力：①在后续的 WTO 谈判中，呼吁削减蓝箱政策总量并且限制特定粮食产品使用蓝箱政策的额度。②发展国内粮食产业，在加大绿箱政策支持、微量允许黄箱政策支持的基础上制定并落实适合本国国情的蓝箱政策。我国需要不断地深化改革农业支持政策，积极利用蓝箱政策，才能为中国农业的发展做好充足的准备。

三、黄箱政策

黄箱政策是《农业协定》规定需要作出削减的国内支持。黄箱政策被认为是会对贸易产生极大扭曲作用的国内支持政策。《农业协定》参照 AMS 概念来制定各成员国国内支持水平削减的尺度。要求以 1986～1988 年为基期，发达国家在 6 年内将国内支持总量削减 20%，发展中国家在 10 年内将国内支持总量削减 13.3%。黄箱政策主要包括价格支持和收入支持两个方面。中国作为粮食大国，对国内粮食的保护由来已久。价格支持和收入支持也随着国内政治、经济环境的改变而不断调整，具有多种形式。新中国成立至今，价格支持政策历经了统购统销制度、定购价政策、议购价政策、保护价政策、最低收购价政策和目标价格制度一系列的演变过程。而收入支持政策也具有粮食直接补贴政策、农资综合补贴政策、良种补贴政策以及农机具购置补贴政策等多种方式。我国应积极调整黄箱政策，应对 WTO《农业协定》约束的同时又为国内粮食产业的发展提供保障。可以通过加强粮食建设、规范粮食生产和流通，形成有效的国内技术性壁垒，确保粮食安全。

（一）价格支持政策

价格干预措施是最直接、最常见的粮食贸易支持政策。我国在不同的历史时期为达到促进粮食生产、保障农民收入、稳定农业经济地位等目的，采取过不同的粮食价格支持政策。

1. 统购统销制度

新中国成立初期，国家为了集中力量发展工业以及摆脱城乡粮食供应量缺口不断变大的困境，于1953年开始实行统购统销制度，即国家对粮食实行统一收购，并有计划地供应、分配。统购统销的核心内容包括以下几个方面：①向农村余粮户实行粮食统购，统购价格由中央决定。②对城市缺粮人民实行粮食统销。③国家严格管制粮食市场，严禁粮食自由经营。这一政策的实施，取消了粮食市场竞争，稳定了粮食价格，维护了农民利益，具有深远的影响。杨乙丹（2006）在运用交叉学科研究法、对比研究和系统分析的基础上，揭示了粮食统购统销制度内在的运行和变迁机理，证实了这一政策符合当时的国情，对粮食生产有积极的刺激效果。然而，随着经济的不断发展，统购统销逐渐显露出不利于调动农民积极性、造成工农业发展不平衡等缺陷。20世纪80年代，随着改革开放政策的实施，我国开始实行市场价格改革。1985年粮棉合同定购制度的落实，标志着统购统销政策正式退出历史舞台。

2. 定购价政策

我国自1985年开始实行粮食定购价政策。所谓定购价政策，是指在粮食播种之前，国家粮食部跟农民签订定购合同。合同中约定了对主要粮食品种，如小麦、玉米、稻谷、大豆等作物的定购数量。等到粮食作物成熟后，国家按照统购价格收购合同约定数量的三成，剩余的七成则按照原超购价的"倒三七"定价法进行收购。实施定购价政策是为了解决长期以来统购统销政策导致农民生产积极性不高的问题。赵德余（2008）应用新古典理论和局部分析的方法对定购价政策展开研究，结果表明，定购价政策极大地促进了粮食市场体系的发展，粮食管理体制由中央统一领导转变为中央和地方分级管理的"省长负责制"。然而，政策并没有达到刺激农民粮食生产的目的。尽管国家根据粮食市场供求状况，分别于1987年、1988年、1994年以及1996年又适当地提高了粮食的收购价格，其对农民积极性的调动作用还是十分有限。

3. 议购价政策

因为定购价政策对农民积极性的调动作用有限，我国于20世纪80年代后期又实行了粮食议购价政策，并与定购价政策相互配合，形成了我国粮食价格的"双轨制"模式。将粮食议购价政策引入我国粮食价格体制，就是将市场引入计划经济价格体制，这是一次大胆的创新。粮食议购价政策允许农民将国家定购合同之外的粮食，按照议购价出售给国有的或少数非国有的粮食收购企业，而议购价往往介于定购价和市场价之间。议购价政策对调动农民的积极性产生了一定的效果，但是议购价格依然比市场价格低，一定程度上还是损害了农民的利益。与此同时，王德文（2000）运用双轨制度下的农户价格预期模型和粮食供给反映模型来分析比较政策的实施效果。结果表明，中国粮食定购价政策所采取的事先干预生产和流通的方式并不能达到稳定粮食市场的预期效果。相反，这种制度安排会带来放大市场价格波动的可能性。

4. 保护价政策

粮食"双轨制"一定程度上调动了农民的积极性，20世纪90年代初，粮食产量有了大幅度的提高。到1996年底，在价值规律、市场供求关系和投机商户的共同作用下，国内粮食市场价格大幅度下降，严重挫伤了农民的种粮信心。为此，国家出台了粮食保护价收购政策，该政策是在每年小麦、稻谷、玉米、大豆四大粮食品种上市之前，国家事先确定一个收购价格。当粮食上市后，国家委任粮食购销企业在全国范围内敞开收购粮食。这一政策稳定了粮食市场价格，保护了农民的利益，增强了农民的种粮信心，促进了农业的发展。然而，中国实施粮食保护价收购政策，虽然促进了粮食生产规模的扩大，但与市场需求脱节的矛盾越来越突出，反而制约了农民收入的提高，造成了粮食供求结构性矛盾突出、粮价过高抑制消费需求以及保护价政策异变为保护国外粮食经营者等问题。同时，由于保护价产生的费用、利息等由收储企业计入成本，销售按顺价的原则且产生的亏损实行企业挂账，更是加剧了国有企业和政府的负担（黄雪琴、王遐见，2003）。因此，2004年我国正式取消粮食的保护价收购政策。

5. 最低收购价政策

保护价收购政策虽然极大地增强了农民种粮积极性，促进了农业的发展，但是其增加了国有粮食企业和政府负担的弊端日益显现，加之我国在21世纪"入世"后，市场经济不断发展，对原有计划经济性质的保护价收购政策提出了质疑。2004年我国正式取消粮食的保护价收购政策，并制定了最低收购价政策取而代之。最低收购价政策就是粮食上市之前，国家制定一个最低收购价格，当粮食上市后的市场价格低于最低收购价格时，国有粮食收购企业就以最低收购价格在粮食主产区收购粮食，而其他非国有企业仍以市场价格收购；而当粮食价格高于最低收购价格时，则以实际市场价格收购粮食。这一政策充分发挥了粮食市场的价值规律的有效性以及供求关系的决定性，确保粮食供求出现较大波动时，也能维持市场的稳定。最低收购价政策与保护价政策的不同点如下：①市场运行的基础不同。粮食最低收购价政策严格按照市场低价的原则，在充分发挥市场机制作用的前提下，对市场机制的缺陷进行必要的弥补；而保护价政策则是由政府定价，并且主要是由国有粮食购销企业进行垄断收购，它在很大程度上排斥了市场机制的作用。②实施区域和执行主体不同。最低收购价政策是以中储粮总公司为主导，具体由粮食经营企业操作，政策针对的是重点主产区；而保护价政策则是由所有国有粮食购销企业操作，并在全国范围内展开。③实施的品种、时间不同。保护价政策针对小麦、稻谷、玉米、大豆四大粮食品种，全年执行，最低收购价政策仅限于国家指定的小麦、稻谷且仅仅当市场价格低于最低收购价时才启动收购政策。④财政财务政策不同。保护价粮产生的费用、利息等由收储企业计入成本，产生的亏损实行企业挂账；最低价收购政策造成的盈亏最终都是由中央负责。⑤制定品种收购价权限和程序不同。保护价政策是由国务院下达基准价格，各省在不低于基准价的前提下，按照自身的实际情况制定本地区的收购保护价；而最低收购价则由国务院统一制定下达。⑥收购数量不同。因为最低收购价政策只有当市场价格低于最低收购价时，才会被启动，并且当收购一定数量，价格回升至最低收购价时，应停止收购，所以，该政策的执行和收购的数量具有不确定性；粮食保护价政策则是敞开收购，收购粮食的数量没有限制。最低收购价根据市场和物价水平逐年调整，在保证农民积极性不受损的情况下，又缓解了政府和国有粮食企业的压力。最低收购价政策极大地调动了农民生产积极性，实现了粮食产量"十连增"。与此同时，还增加了农民的收入，对国民经济持续发展起到了重要支撑作用。然而，由于国内外市场变化，粮食价格支持政策的弊端日益暴露出来，突出地表现为：一是拉高了部分粮食价格。长期以来的政府托市收购使得最低收购价逐渐偏离了市场的真实价格，部分粮食价格越来越高，对人民的生活造成了影响（王士海、李先德，2012）。二是国内外粮食价格严重倒挂（耿仲钟、肖海峰，2015）。2013年底，国内每吨小麦、玉米价格分别为2500元、2250元，而美国每吨小麦、玉米价格分别仅为1300元、1250元。三是财政补贴负担过重。过量的政策性收储和价格倒挂，使财政补贴大幅增加（兰录平，2013）。据统计，我国对农民的粮食直接补贴、农资综合补贴、良种补贴和农机具购置补贴从2004年的145亿元增加到2013年的1700亿元。农业生产对补贴的依赖程度越来越大。为了克服上述弊端，我国于2004年实施目标价格制度。

6. 目标价格制度

目标价格制度就是国家在一定时期内，为了实现粮食总量平衡、稳定粮食价格和提高农户收益率等目标而制定的能够反映粮食生产所消耗的资源价值及适当利润的政策性价格，它是粮食市场价格变动的合理上限，当市场平均价格低于目标价格时，国家对农户进行差价补贴；反之，则由市场调节。目标价格制度和最低收购价政策有很大的区别，具体表现在以下几个方面：①价格性质不同。最低收购价是政府的"托市价格"，而目标价格则是政策性的参考价格，是用于核定给农民差额补贴的价格标准。②作用机制不同。目标价格公布在农作物播种之前，并以其作为参考标准与市场价格进行比较，当市场价格低于目标价格时，仍按市场价格随行就市，政府按照市场价和目标价之间的差额进行补贴；而最低收购价政策则是当市场价格低于最低收购价时，由国有粮食企业敞开收购。③实施品种和地区范围不同。目标价格主要针对的是东北和内蒙古的大豆和新疆的棉花；而最低收购价政策针对的则是主产区的小麦和稻谷。

相对于最低收购价政策，目标价格制度具有更尊重市场定价机制、避免价格扭曲的优势，这就与粮食直补、农资综合直补、良种补贴、农机补贴等农业生产补贴有了很大的不同。粮食目标价格制度能够很好地平衡市场的决定性作用和政府的基础性作用。政府可以在市场价格过高时补贴低收入消费者，在市场价格低于目标价格时补贴生产者。政府"有形的手"和市场"无形的手"得到合理界定，各方利益得到平衡。黄季焜（2015）使用分层随机抽样方法对新疆棉花目标价格政策做了实地调查，研究结果显示，目标价格制度能够最大限度地降低寻租行为发生的可能性，有利于缓解国内粮食价格高和国内外粮食价格倒挂问题，最终起到稳定粮食价格、保护农民和粮食加工企业收益的作用。然而目前目标价格试点也存在许多问题，如财政成本和风险巨大、执行成本过高以及容易滋生腐败和引发社会不稳定。因此，政府需慎重出台目标价格政策。即使要执行目标价格政策，也应该以抵御市场风险为目标，实施产品不宜过多。

（二）收入支持政策

加入 WTO 之后，我国对农业的贸易支持政策逐渐由价格支持转向收入支持。在我国，涉及农业的收入支持政策主要包括粮食直接补贴政策、农资综合补贴政策、良种补贴政策以及农机具购置补贴政策。

1. 粮食直接补贴政策

粮食直接补贴政策就是将过去向流通环节发放补贴转变为直接将补贴发放到粮农手中的政策。该政策以现金的形式将中央财政预算对粮农直接转移支付。2002 年我国开始在安徽、吉林两个粮食主产区进行粮食直补的改革试点，到 2004 年在粮食主产区全面推行。我国粮食直补政策是一项长期的补贴政策，可以按计税面积进行补贴，也可以按计税常产量或种植面积进行补贴，具有很强的灵活性。韩喜平等（2007）应用经济学模型对粮食直补政策所带来的产出效应和收入效应进行分析，结果显示，政策对粮食增产和农民增收都有很好的促进效果。在此基础上，笔者对粮食直补政策进一步研究发现，自实施粮食直补政策以来，农民的生产积极性提高了，粮食的产量增加了，我国粮食安全得到了保障。虽然多年来政策不断完善，但目前依然存在一些问题：①补贴力度不够，对农民积极性的促进效果不是很明显。②直补资金渠道过窄，地方财政压力大。③补贴方式区域性差异明显，补贴标准随意性过强。④直补政策难以同时实现增产、增收双重目标。针对这些问题，需进一步完善粮食直补政策，加大补贴力度，拓宽补贴资金来源，制定补贴标准，实行直接补贴与价格挂钩的不固定补贴相结合的补贴政策。

2. 农资综合补贴政策

农资综合补贴政策是国家为了防止农药、化肥、农膜、柴油等农业生产资料价格的波动对粮农收入产生影响，在粮食主产区对种粮农民直接给予现金补贴的农业支持政策。2006～2007年我国安排的农资综合补贴资金分别为120亿元和276亿元，2008年农资综合补贴资金骤增到了716亿元，到2014年补贴资金更是增加到了1071亿元，较2006年上涨了将近8倍，农资综合补贴资金已在粮食收入支持政策中占据了绝对重要的地位。农资综合补贴政策出台的目的是缓解农业生产成本、鼓励农民多种粮。政策实施多年来，在刺激农民种粮和保障我国粮食安全方面取得了显著成效（李莎莎、朱一鸣，2016）。魏茂青（2013）运用 Logistic 回归模型对福建省农资综合补贴的实施效果进行了研究，研究结果发现，农资综合补贴水平还有待提高，补贴资金发放程序缺乏公开性和规范性，因此部分粮农的利益得不到保障。本章在此基础上，通过对近年来农资补贴政策的实施情况进行调查分析发现，农资综合补贴政策虽然取得了很大成效，但是在实施过程中确实还存在一些问题，具体如下：①补贴资金规模小，政策执行成本高，难以真正发挥补贴政策对农民种粮利益的保障作用。农资综合补贴政策的执行涉及民政、农业、银行、粮食、财政等多个部门，各部门各自为政，导致政策执行成本居高不下。②补贴依据不够明确，难以发挥农资补贴政策调动农民种粮积极性、稳定粮食生产的作用。③补贴存在漏补、少补的现象。未来需进一步完善农资综合补贴政策。要健全补贴管理机制，控制政策执行成本；要完善补贴标准，充分发挥补贴效果；要加强种粮监督，动态调整补贴依据；要扩大资金投入规模，提高补贴比重。

3. 良种补贴政策

良种补贴又称良种推广补贴，是中央在粮食选种和粮食栽培上给农民提供技术支持，从而降低农民种粮成本，增加农民收入的一种补贴形式。我国于2002年开始在粮食主产区实行良种补贴政策。2004年，补贴的范围已经由最初的大豆扩展到大豆、小麦、玉米、水稻四大粮食作物。近年来，良种补贴的力度在逐渐加大。不仅补贴的资金、补贴的面积在增加，而且补贴的地域范围也在扩大，特别是水稻已经实现了全国范围内的良种补贴（郭军、冷博峰，2010）。良种补贴自实施以来，调动了农民种粮的积极性，加速了农产品新型技术的推广，提高了粮食的品质，推动了粮食规模化种植和产业化运作，对粮食国际竞争力的提高具有重要的意义。张冬平等（2011）利用河南省439个农户调查数据，运用 Logistic 回归模型对良种补贴政策的满意度进行分析，结果显示，农户对这一政策总体上比较满意。虽然张冬平的调研结果表明了良种补贴政策的有效性，然而，政策实施过程中遇到的一些问题也不可忽略。例如补贴标准偏低、补贴品种较少、补贴程序烦琐等问题。因此，针对下一个阶段良种补贴的实施，需要从以下几个方面改进：①提高补贴标准，扩大补贴品种范围。②加大对良种补贴工作的监督和管理，做到程序公平、结果公平。③加快农业生产组织化、规模化进程，进一步放大良种补贴的效用。

4. 农机具购置补贴政策

农机具购置补贴政策是国家为鼓励和促进农业机械化生产、推进农业现代化，而对农民个人、农场职工、农机专业户以及直接从事农业生产的农机服务组织购置和更新大型农机具而给予的补贴。补贴的大型农机具主要是小麦、玉米、水稻、大豆的种植、管理及收割过程中所需要的拖拉机、插秧机、播种机、深松机、收割机以及秸秆综合利用等大型机械设备。2013 年我国补贴的农机具种类涵盖 12 大类、48 小类、175 个品目，一般农机具单机补贴不超过 5 万元，大型农机具单机补贴不超过 25 万元，部分经济发展较落后的省份，如广西、新疆等，单机补贴限制可提高到 40 万元。龙天凤（2010）对农机具购置补贴政策的实施效果进行归纳，认为这一政策加快了农业科技进步，促进农业作业水平提高；培育了农机大户等新兴市场主体，推进农机服务产业化；推动了农村劳动力转移，促进农民增收；带动了农机工业相关产业，促进国民经济增长。因此，笔者赞成龙天凤观点的同时，建议未来不仅要进一步加强农机具购置补贴实施力度，而且还要确保农民买到合格的农机产品，要确保农民及时享受到足额补贴，要规范农机具生产及供货企业合约，要加强监管，保证补贴政策有序落实。

作为世界人口超级大国，我国粮食安全问题至关重要。自中国加入 WTO 以来，农业经济迅速发展，人民生活水平稳步提高。然而，随着粮食市场的开放程度不断提升，各国粮食对国内市场的冲击也进一步扩大，我国粮食对外贸易依赖程度逐步加深、粮食进出口结构不平衡加剧等现实问题也日益严峻，维护国家粮食安全任重而道远。因此，借鉴以往的经验并结合现实情况出台最佳的农产品贸易政策将是解决粮食安全问题的重要环节。

第六章　中国的粮食储备政策

新中国成立以来，粮食储备政策随着粮食生产和经济社会的发展而不断演变。中国的粮食储备萌芽于粮食自由购销时期，以周转粮食库存为主；到统购统销时期，粮食储备以备战备荒为主要目的，包括周转储备和战略储备，战略储备即"甲字粮"和"506 粮"，已基本形成了国家和农村两级分级的粮食储备政策。改革开放后，中国农业、农村推行了一系列改革措施，为粮食储备政策的改革奠定了坚实的基础，到 1990 年，国家专项粮食储备建立起来，我国粮食储备内容由此拓展为国家专项储备、战略储备、周转储备，并且地方粮食储备初步建立，形成了以国家储备为中心，"中央→省级→市级→县级"分级管理的粮食储备体系。2000 年，中储粮总公司成立，从而开始了以中央储备粮垂直管理为核心的粮食储备政策，以政府储备为主体，以社会储备为补充，政府储备包括中央储备和地方政府储备，社会储备包括民营粮食企业库存和农户储备。各个时期的粮食储备政策都顺应了时代发展要求，对于保障粮食安全、维护粮食市场稳定起到重要作用。

第一节　粮食储备政策的历史演变

一、国家和农村两级分级的粮食储备政策

粮食自由购销时期，中国储备粮的构想萌芽，此时国家储备粮以周转粮食库存为主，同时也鼓励农民存粮；到统购统销时期，基本形成了国家和农村两级分级的传统粮食储备政策，其中，国家储备以备战备荒为主要目的，农村集体储备以生产队备荒为主要目的。

（一）实施背景

受战争影响，新中国成立之初，国内粮食供求形势十分严峻，加之粮食市场上多种经

济成分并存，部分私营粮商投机活动猖獗，导致粮食价格剧烈波动，进一步恶化了粮食供求形势，致使国家粮食储备面临无粮可收的境地。为打击不法商贩，平抑粮食价格，中央自上而下成立了国有粮食经营系统和管理组织体系，通过调整公私经营比重、调整批零差价和地区差价，提高国营企业的粮食收储比重，逐步收紧国家对粮食的统一管理。此外，经过土地改革，中国粮食生产得到一定恢复，粮食产量从1949年的1.1亿吨增加至1952年的1.6亿吨。基于上述背景，国家提出"国家储备粮"的构想，即通过建立公粮征收制度，加强粮食储备应对战争和灾荒。

随后，"一五"计划确立了优先发展重工业的战略方针，客观上要求大量的资本积累，粮食也是国民经济建设的重要物资，而1952~1953年发生的粮价波动和粮食危机进一步为统购统销政策的出台提供了重要契机。1953年，《关于实行粮食的计划收购和计划供应的命令》发布，标志着中国统购统销制度的正式实施。所谓统购统销，是在中央集中管理下，对农村余粮实行统一收购，对城镇居民和农村缺粮户实行计划销售，对粮食市场实行严格控制，禁止粮食自由买卖。这一大的历史背景下，新中国开展了大规模的经济建设，国民经济得到恢复，粮食生产也有所增长；而经济发展一方面促进了城镇人口的增加，进而拉动城镇居民的粮食需求，另一方面也促进了农民收入的增长，进而带动农民的粮食消费量和储存量增加；与此同时，中苏关系破裂，国际形势发生变化，进一步加剧了中国粮食供求紧张，粮食储备的重要性凸显。多方面原因使得统购统销时期的粮食储备政策得到了相应的发展。

（二）政策内容

在1949~1952年的自由购销时期，国家储备粮的主要来源是公粮，同时也鼓励农民积极存粮。对于公粮的储备，国家制定了严格的管理规范。公粮以农业税的形式纳入国库，实行固定负担比率，税率由中央规定，根据各户实际收入确定公粮征收额，最高不得超过农业总收入的60%，地方政府附加公粮不得超过国家公粮征收额的15%，两者之间要分别入账与记账。粮食储备的调拨实行统一管理，在全国范围内进行统一计划的调度，其中，中央储备粮仅用于供给部队以及区以上的政府机关团体、公立学校供给制教职员和公费生的食用粮、救灾粮、优抚粮、婴儿保育粮、参战民工食用粮以及部分治河粮（杨羽宇，2014）。储备粮食的运输和保管工作则由财政、粮食、公安部门共同参与，在专区、县以下成立公粮征收屯集委员会。总而言之，自由购销时期的粮食储备仅仅是处于萌芽阶段的"国家周转粮食库存"（曹宝明，2005），而未能真正形成制度体系。农业生产基础薄弱、1949年全国受灾、1950年抗美援朝战争爆发等多方面原因造成国家储备仅能以周转调剂为主，一方面保证军粮供应，另一方面保证后方城镇居民的口粮供应，特别是重要城市的粮食供应和周转，而其他的储备基本未能建立起来。在由国营商业领导的自由购销体制下，大部分粮食储备掌握在国营粮商手中，而私营粮商也持有一定数量的代储周转库存。

统购统销时期，国家粮食储备以备战备荒为主要目的，储备主体仍以中央储备为主，具体包括周转储备和战略储备。其中，周转库存粮食储备仍由中央统一调拨，地方受中央委托管理库存粮食，执行国家统一的粮食库存计划和调度计划；战略储备主要是"甲字粮"和"506 粮"。1954 年 10 月 18 日，中共中央《关于粮食征购工作的指示》提出"为了应对救荒救灾和各种意外，国家必须储备一定数量的粮食"。此后，1955 年国家从粮食周转库存中专门划出一部分建立备荒储备粮，即为"甲字粮"。"甲字粮"的粮权属于国务院，储备计划由国家计委等有关部门下达，储备任务则由国营粮食企业承担。1962 年，针对台湾当局策划"反攻大陆"的动向以及中苏关系彻底破裂等特殊的政治军事形势，中共中央发布了《关于建立粮食工作的决定》，明确要求从中央到地方都要建立一定比例的粮食储备并逐年增加，该部分储备粮是以备战、加强国防为目的的军用粮，即为"506粮"。"506 粮"的粮权属于中央军委，实行军政共管，其性质属于战略储备，故也称为战略储备粮，具体储备任务仍由国营粮食企业承担，在建立之初按照 50 万军队吃 6 个月的数量来确定储备规模。"甲字粮"和"506 粮"按照"无荒不动，无战不用"的原则进行管理，各级地方政府只负责日常管理而无权动用，原则上每五年进行一次轮换。值得一提的是，虽然 1955 年起，国家就从粮食周转库存中划出一部分用于建立"甲字粮"，但实际上由于储备粮的权限并未明确，最终又都作为周转库存被使用；直至 1964 年，国家正式将储备粮列入年度粮食收支计划，国家储备才得以真正建立。

此外，这一时期农村集体储备也开始建立，主要是农业生产队以备荒为目的而储备的粮食，但储备规模较小。1962 年 9 月，中共中央在《关于粮食工作的决定》中指出："从今年秋后开始取消公社、生产大队提取机动粮、自筹粮的办法，以减轻农民负担。生产队本身允许保留一定比例的储备粮。"这是农村集体储备粮制度建设的开始。1963 年《关于粮食工作的指示》进一步明确提出了建立农村集体储备粮，其粮权归集体所有，国家粮食部门可以代生产队保管储备粮，但生产队有权随时购回所存粮食（杨羽宇，2014）。此时的农村集体储备处于起步发展阶段，储备规模小，仅占粮食总储备规模的 5% 左右。至此，计划经济下国家和农村两级分级的传统粮食储备政策的框架已基本形成（见图 6 - 1），并且，这一储备政策一直维持到 1990 年。

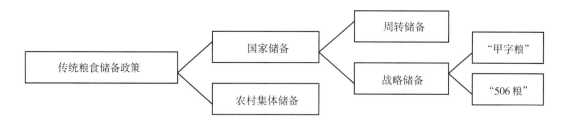

图 6 - 1 中国计划经济时期的传统粮食储备政策

二、以国家专项粮食储备为核心的粮食储备政策

1990 年 9 月 16 日，《国务院关于建立专项粮食储备制度的决定》（以下简称《决定》）正式发布，标志着中国的粮食储备进入了一个新的阶段。《决定》指出由国家拨出专款，以不低于国家制定的保护价，在不购过头粮的原则下，将农民当年的余粮收购起来，实行国家集中管理，以丰补歉，调剂余缺。换言之，国家专项粮食储备制度要遵循"三不准"原则，即不划转陈化粮、不购过头粮、不低于保护价收购。由此，我国粮食储备内容拓展为国家专项储备、战略储备、周转储备；并且，在这一时期，地方粮食储备得以建立。以国家储备为中心，"中央→省级→市级→县级"分级管理的粮食储备体系形成。

（一）实施背景

1979 年，党的十一届四中全会通过了《关于加快农业发展若干问题的决定》，20 世纪 80 年代后，中央连续五年发布一号文件，制定了一系列改革措施，农业、农村的改革大大提升了中国的粮食生产能力，为国家专项粮食储备制度的建立奠定了坚实的物质基础。一是家庭联产承包责任制的推行。1978 年底，安徽凤阳小岗村率先包产到户，到 80 年代初期，家庭联产承包已成为全国农村经营的主要形式，这项改革极大地调动了农民的生产积极性，促进了中国的粮食生产。1979 年中国粮食产量 3 亿吨，至 1984 年，6 年时间产量已上升至 4 亿吨，这是新中国成立以来中国粮食生产发展最快的时期。二是人民公社制度的取消。1958 年，中央通过了《中共中央关于在农村建立人民公社的决定》，政社合一的人民公社制度建立起来，其"组织军事化、行动战斗化、生活集体化"的运行模式存在管理过于集中、经营方式过于单一和分配平均主义等缺点，挫伤了农民的生产积极性，制约了农村生产力的发展。为克服种种弊端，1979 年，四川广汉县率先改革，实行政社分设，建立乡人民政府作为政权的基层单位。1982 年，《中华人民共和国宪法》规定，设立乡、民族乡人民政府。1985 年，人民公社制度最终退出了历史舞台。三是合同定购制度的实施，也称"85 粮改"。1953 年开始实施的粮食统购统销，实质上是采取农产品国家定价的形式，从农民手中低价统购，再对城市居民和工业企业低价统销，以工农产品价格剪刀差的形式，维持大工业低工资和低原料成本，提供不断产生超额工业利润的条件，最后通过大工业利税上缴，集中起国家工业化的建设资金，但这是以长期牺牲农民利益为代价的。1985 年，中央一号文件宣布取消粮食统购，改为合同定购，打破了原有的农民经营分工的限制，有效地促进了农民的生产、经营积极性。四是"93 粮改"的实施。1993 年，国务院决定从 1994 年起，放开粮食价格和经营，实行"保量放价"，即保留粮食定购数量，而价格随行就市；并继续实行粮食定购"三挂钩"政策，即粮食合同定购与供应平价化肥、柴油、发放预购定金相挂钩；建立粮食收购保护价制度和粮食风险基金制度。"93 粮改"后，粮食市场形成多元化、多渠道流通的新局面，为中国粮食储备的增加提供了物质基础。此外，20 世纪 70 年代末，以袁隆平培育的新型杂交水稻为代表的杂交优良品种成为中国粮食增产的第一生产要素。杂交水稻、杂交小麦、杂交玉米和其他杂交粮食种子通过典型示范、分区分片等方法由点及面地推广和普及，促进粮食总产大幅提高，至 1990 年，中国粮食总产已达到 4.46 亿吨。

增产的同时，20 世纪 80 年代中期、90 年代初却发生了两次"卖粮难"，特别是 90 年代初的"卖粮难"成为中国建立专项储备制度的直接原因。随着粮食产量的不断增加，粮食商品化程度越来越高，而当时国有粮食部门的仓储设施建设严重滞后，设施简陋、仓容不足造成"储粮难"，加之物流渠道不畅导致运力不足，远远无法满足粮食生产与流通不断扩大的需求。由此，针对"卖粮难"、"储粮难"、产销区协调不畅等现象，国务院决定建立国家专项粮食储备制度，成立国家粮食储备局，专门负责国家粮食的储备管理。同时，为缓解国家财政负担，中央确立了"米袋子"省长负责制，要求各省（市、区）逐步建立地方粮食储备。

（二）政策内容

1. 建立国家专项粮食储备

1990～2000 年，中国粮食储备政策最为核心的内容是建立了国家专项粮食储备，用于稳定粮食市场价格、应对全国性的突发紧急事件等，从而保障种粮农民的积极性，稳定粮食生产。1990 年《决定》规定，按不低于宣布的保护价敞开收购农民当年的余粮，做好丰歉调剂，增强宏观调控能力。专项储备粮食的粮权归属中央，实行定期报告、专库、专人、专账管理，其结算价与统购价之间的差价贷款，由中央财政贴息。1999 年，将"甲字粮"、"506 粮"归入国家专项粮食储备。随着专项粮食储备的建立，我国形成了由国家专项储备、战略储备、周转储备构成的粮食储备体系。对于这部分政策性粮食储备，实行中央统一领导，地方分级管理。在国家专项粮食储备确定的最初，储备规模定为 1750 万吨，占当年国家粮食总库存的 31%。1992～1994 年中，1992 年专项粮食储备最多，占当年国家粮食总库存的41%，1993年占国家总库存的46%，1994年占国家总库存的37%。1996~2000年，国家专项粮食储备每年均超过5000万吨，1997年规模最大，达到6900万吨，但因企业周转库存增加更多，专项粮食储备所占比重有所下降，到21世纪初，专项粮食储备规模稳定，占国家总库存的比重维持在30%左右（白美清，2015）。

2. 成立国家粮食储备局

为加强对国家储备粮工作的组织领导，1990年国务院决定成立国家专项粮食储备领导小组，负责领导和统筹解决国家专项粮食储备制度的有关问题；成立国家粮食储备局，直属于国务院，由商业部代管，负责国家粮食储备的管理工作；各省、自治区、直辖市人民政府根据实际需要，建立本地区的粮食储备。至此，"中央→省级→市级→县级"分级管理的国家储备政策得以形成。中央主要负责国家储备粮和中央进口粮食，用于特大自然灾害、战略储备、调节全国性粮食价格等；地方储备的主要工作是完成国家下达的定购任务和粮食储备计划，以及地方自己确定的收购和储备计划，稳定本区域播种面积，增加粮食产量。为落实粮食储备的分级管理，国家规定对于仓容达2500万吨以上的储备库、转运站，由国家粮食储备局直接管理，用于存放战略储备和部分专项储备，其余大中型粮库则由国家粮食储备局和地方粮食局共同管理。

3. 建立粮食风险基金

1994年，《粮食风险基金实施意见》首次明确提出了建立粮食风险基金制度，旨在保护农民种粮积极性，稳定粮食市场。粮食风险基金由中央财政、地方财政共同筹集专项资金，分别设置中央补助和省级自筹两个账户，两者预算比例为1.5:1。当年结余的粮食风险基金结转至下一年，但不得抵用下一年的筹集资金。自1994年至2004年，粮食风险基金主要用于支付省级粮油储备的利息和费用补贴，以及粮食企业超正常库存的利息与费用补贴。2004年以后，随着粮食流通体制改革的逐步深入以及粮食直补等农业补贴政策的实施，粮食风险基金的用途有所延伸，还可用于政策性挂账的利息补贴、对种粮农民的直接补贴及相关工作经费、国有粮食购销企业分流人员的适当补助，以及老库存粮食在售前的利息费用补贴等。

4. 确立"米袋子"省长负责制

在城镇化进程不断加快，务农尤其是种粮的比较优势日益下降的背景下，耕地抛荒现象越发严重，为了稳定粮食生产和储备，提高地方应对突发事件的能力，减轻中央的粮食储备压力和财政负担，"米袋子"省长负责制应运而生。1994年，《国务院关于深化粮食购销体制改革的通知》明确了粮食领导负责制的概念，指出实行省、自治区、直辖市政府领导负责制，负责本地区粮食平衡。1995年政府工作报告进一步正式提出"米袋子"省长负责制，"米袋子"是指大米、小麦等重要的口粮品种，要求省、自治区、直辖市的行政首长负责本地区的粮食生产、储备、流通。省长要负责稳定粮食播种面积，增加粮食产量，建立地方储备风险基金，稳定粮源、储备和粮价；省长牵头保障粮食收购资金专款专用，开展仓容建设，确保粮食主产区要维持至少3个月销量的储备规模，粮食主销区则要维持至少6个月销量的储备规模。在积极的政策引导下，地方粮食储备得到发展，全国各省、市县级的粮食储备陆续建立起来，对于解决粮食生产的深层次问题具有重要意义。

三、以中储粮垂直管理为核心的粮食储备政策

2000年，为深化粮食流通体制改革，完善中央储备粮经营管理体制，国务院作出《关于组建中国储备粮管理总公司有关问题的批复》，同意成立中国储备粮管理总公司，在国务院的委托下，具体负责中央储备粮的经营管理，从而拉开了我国对中央储备粮实行垂直管理的序幕。

（一）实施背景

1996年，我国粮食产量首次突破5万吨，供给形势明显好转，然而销售下降，部分地区甚至出现粮食市场价格低于定购价格的现象，导致经营性亏损猛增，粮食财务挂账日趋增多，极大地增加了政府财政和银行负担。受粮食周期性波动及政策调整等因素影响，2000~2003年粮食连续减产，由1999年的5.08亿吨降至2003年的4.31亿吨，人均粮食产量仅有330千克，成为改革开放以来粮食减产幅度最大的时期，粮食供求由此前的基本平衡、丰年略有结余转而变为紧平衡。在上述背景下，中央决定进一步深化粮食流通体制改革。1998年，中央一号文件明确了"四分开、一完善"的原则，即要实行政企分开、储备和经营分开、中央与地方责任分开、新老财务挂账分开，完善粮食价格机制。1998年10月，《中共中央关于农业和农村工作若干重大问题的决定》强调，各地和有关部门要坚决贯彻按保护价敞开收购农民余粮、粮食收储企业实行顺价销售和粮食收购资金封闭运行三项政策，国有粮食企业要加快自身改革。此外，国家专项粮食储备建立后，国家要求产区至少建立3个月销量的粮食储备，销区至少建立6个月销量的粮食储备。然而实际执行过程中，由于销区粮食储备成本较高，部分销区委托产区储备粮食，从而导致销区储备不足、产区储备过多。一旦爆发大规模的粮食危机，这将严重制约地方政府粮食储备的调控作用。

基于以上原因，为进一步增强粮食宏观调控能力，提高粮食储备管理水平，确保国家急需时调得动、用得上，2000年国务院发布《关于建立中国储备粮管理总公司有关问题的批复》，正式批准成立中国储备粮管理总公司，负责中央储备粮储存安全，明确中储粮

公司的性质是在原国家粮食储备局部分职能机构和所属部分企事业单位基础上组建的大型国有企业。在国家宏观调控和监督管理下，中储粮公司依法开展业务活动，具体负责中央储备粮的收购、储存、轮换、调运、销售等，实行总经理负责制，自主经营、自负盈亏。根据中央储备粮经营管理的需要，中储粮公司可在全国主要的产区和销区建立分公司，对各个分公司的人力、财力、物力进行垂直管理；分公司根据授权，负责管理辖区内的中央储备粮和中央直属库粮食储备库。该批复指出："组建中储粮总公司是深化粮食流通体制改革，完善中央储备粮经营管理体制的重大举措。"就此，中国形成了以中央储备粮垂直管理为核心的粮食储备政策。

（二）政策内容

我国现行的以中央储备粮垂直管理为核心的粮食储备政策以政府储备为主体，以社会储备为补充。其中，政府储备包括中央储备和地方政府储备，中央储备主要由战略储备和专项储备构成，用于应对全国性的粮食危机，中储粮总公司负责其经营和管理；地方储备分为省、市、县三个层次，用于应对局部粮食危机，由各级地方政府负责，往往委托国有独资或国有控股粮食企业管理，民营粮食企业对政策性粮食只能履行代储任务，而无权调动。社会储备主要包括民营粮食企业储备和农户储备，以周转储备为主，储备数量相对较少。本研究主要探讨中央储备粮和地方储备粮。

1. 中央储备粮

中央储备粮的粮权属于国务院，发改委负责中央储备粮的总体规划，财政部负责对中央储备粮补贴的监督检查，中国农业发展银行负责对中央储备粮发放贷款及进行信贷监管，中储粮总公司负责中央储备粮的经营管理。自2000年中储粮总公司及分公司成立后，原来由各省、自治区、直辖市粮食局管理的政策性粮食储备全部移交给各地的中储粮分公司，由中储粮统一垂直管理。以中央储备粮为核心的粮食储备体系初步形成。具体而言，中央储备粮的保管费用补贴实行定额包干，超支不补，结余留用，由财政部拨给中储粮总公司，中储粮总公司通过中国农业发展银行的补贴专户按季拨付给分公司，由分公司及时足额拨给承储企业。保管费用每年每吨80元，轮换费用每年每吨20元。中储粮总公司在中央储备粮保管费用包干总额内，可以根据不同储存条件和实际费用水平，适当调整不同地区、不同品种、不同库点的保管费用补贴标准。中央储备粮的利息补贴，由财政部与中国农业发展银行直接进行清算。中储粮公司及所属分支机构的经费，在保管费用补贴中列支，具体标准由财政部核定。2000年，结合粮食工作面临的新形势，为适应深化粮食流通体制改革的要求，中共中央、国务院撤销了国家粮食储备局，组建了国家粮食局，负责对中央储备粮的行政管理，稳定粮食价格。

2003 年，国务院颁布了《中央储备粮管理条例》，指出所谓中央储备粮，是中央政府储备的用于调节全国粮食供求总量，稳定粮食市场，以及应对重大自然灾害或其他突发事件等情况的粮食和食用油。为了加强对中央储备粮的管理，保证中央储备粮数量真实、质量良好和储存安全，保护农民利益，维护粮食市场稳定，国家实行中央储备粮垂直管理体制。中央储备粮的粮权属于国务院，任何单位和个人不得擅自动用。国务院发展改革部门与国家粮食局会同财政部共同拟定中央储备粮规模总量、总体布局和动用的宏观调控意见，国家粮食局对中央储备粮的数量、质量和储存安全实施监督检查。中国储备粮管理总公司根据中央储备粮的品质情况和入库年限，提出中央储备粮年度轮换的数量、品种和分地区计划，报国家粮食局、财政部、中国农业发展银行批准后，具体实施中央储备粮的轮换。中储粮总公司直属企业以及中央储备粮代储企业储存中央储备粮，都要严格执行相关行政法规、规章、国家标准和技术规范，以及中储粮总公司的各项业务管理制度。

2. 地方储备粮

随着粮食生产的发展，以及 1990 年以国家专项粮食储备为核心的粮食储备政策的确立，地方粮食储备得以建立并不断完善，地方储备的功能也逐步由最初的备战备荒，转向促进粮食生产、稳定粮食市场，以及应对局部重大自然灾害或突发事件等。目前，我国地方储备粮品种结构不断优化，库存主要有稻谷、小麦、玉米、大豆等，重点保证口粮供给安全，根据这一原则，稻谷和小麦等口粮品种储备库存比例超过 70%。分地区来看，由于南方地区居民偏好大米，北方地区居民偏好面食，因此南方储备粮以稻谷居多，北方储备粮以小麦居多。2003 年"非典"爆发后，北京、广东等重要城市粮食市场价格发生剧烈波动，北京市粮食局因而制定了《北京市储备成品粮承储管理储存暂行办法》。此后，全国各地特别是大中城市依据实际情况，先后建立了大米、面粉、食用油等成品粮油储备。主销区由于经济相对发达，地方财政充裕，且人口密度较大，因此主客观都需要并能够建立较大规模的成品粮储备；主产区由于集中了大部分粮库，原粮储备规模较大，且粮食加工能力相对较强，因此成品粮储备规模相对较小。

地方储备粮的粮权归各级地方政府，即省级储备粮粮权属于省级政府，市、县级储备粮粮权属于市、县级政府。地方储备粮的费用和利息补贴从粮食风险基金列支，补贴标准依照中央储备粮执行。地方储备粮的保管费用多参照中央储备粮的办法，实行定额包干，部分地区由省财政厅拨付给省粮食局，然后经由农业发展银行拨付给承储企业，部分地区则直接由财政厅拨付给承储企业。省级储备粮贷款须由承储企业以资产抵押获取农发行贷款，贷款利息、购销、仓储管理费用则由省财政厅统一打包支付给承储企业。

第二节 现行粮食储备政策的运行机制

一、中央储备粮的运行机制

自《国务院关于建立专项粮食储备制度的决定》发布，国家专项粮食储备建立后，我国建立起中央和地方两级分担的粮食储备调节系统，形成了以中央储备为核心、地方储备为支柱、社会储备为补充的粮食储备体系，多方共同为维护粮食市场的稳定发挥作用，是多层次、全社会的储备体系。其中，中央储备和地方储备构成政府储备，社会储备包括企业储备和农民储备。按照储备粮所有权的归属，粮权属于中央政府的构成中央储备粮，粮权属于地方的构成地方储备粮。中央储备粮直属库点储粮数量多、效率高、效益好，是我国粮食储备调控体系的核心力量。国家对储备粮的管理侧重于政府储备，并由中国储备粮管理总公司负责对中央储备粮的经营管理，对中央储备粮的数量、质量和储存安全负责。

（一）中央储备粮的垂直管理体制

2000年，国务院对专项粮食储备制度进行改革，成立了中国储备粮管理总公司，实行"总公司—分公司—直属库"三级架构、两级法人、层级负责的垂直管理体制。其中的三级架构就是中国储备粮管理总公司、代表总公司负责辖区内中国储备粮油管理工作的中储粮分公司、中央储备粮直属库和其他直属的企业；两级法人就是中国储备粮管理总公司和中央储备粮直属库和其他直属的企业，中国储备粮管理总公司直属企业为专门储存中央储备粮的企业。中央储备粮管理总公司实行总经理负责制，在我国主要的产区和销区都建立分公司，并对各个分公司的人力、财力和物力进行垂直管理，从而实现其对中央储备粮的垂直管理体系。公司内部的三个管理层次同属于一个利益主体，目标高度一致，缩短了中央储备粮的管理链条，一定程度上提升了储备粮的管理效率。

（二）中央储备粮的轮换机制

轮换既是储备粮推陈出新的手段，也是面向市场的购销行为。储备粮的轮换计划由中国储备粮管理总公司根据中央储备粮的品质情况和入库年限提出，包括轮换数量、品种和分地区计划，报国家粮食行政管理部门、国务院财政部门和中国农业发展银行批准。轮换依据为中央储备粮的质量检查结果，对不宜存的粮油，必须进行轮换，对宜存粮油中接近品质控制指标或超过储存规定年限的，也要按照先入先出、均衡轮换、降低费用的原则进行轮换，每年轮换的数量一般为中央储备粮储存总量的 20%～30%。储备粮从轮出到轮入，必须根据每年下达的年度轮换计划，在 4 个月内完成。稻谷的轮换期一般为 2～3 年，小麦为 3～4 年，玉米为 2 年。地方储备粮的轮换服从国家和省有关粮食调控政策，承储企业必须在规定的时间内完成地方储备粮的轮换，并报粮食行政管理部门确认。通过轮换，保证储备粮换陈储新、品质优良。

（三）中央储备粮的市场运作机制

经过储备改革，现阶段我国储备粮的购销均按市场化方式运作。对中央储备粮进行企业化运作、市场化经营，这是新、旧粮食储备政策的根本区别。具体负责中央储备粮经营管理的中储粮总公司在成立之初就被定为是大型国有企业，要尽快建立现代企业制度。因此，储备粮的运作也应实行市场化机制。按照《中央储备粮管理条例》，中央储备粮的收购、销售、轮换原则上应通过规范的粮食批发市场公开进行，也可以通过国家规定的其他方式进行，具体组织实施由中国储备粮管理总公司负责。储备粮的收购，主要是以最低收购价格或临时收储价格直接向农民收购或通过经纪人间接收购，部分地区开展了订单收购。储备粮的销售方面，已形成了竞价交易机制，主要有三种销售渠道：一是通过批发市场按顺价原则公开拍卖销售；二是通过协议销售给加工企业或大贸易商；三是通过加工后直接销售给有关零售商或集团消费单位。目前全国已建立了 26 家储备粮的交易中心，并实现联网，以"公开、公正、公平"为原则，构建起统一、竞争、有序流通的粮食竞价交易平台，承担国家和地方储备粮的交易任务。2000 年以来，交易品种由最初的籼稻，扩展为小麦、玉米、粳稻、进口小麦、大豆、植物油等大宗品种。储备粮食的储存和管理都实行企业化的管理模式；储备粮食的轮换和周转创新性地采取竞价销售和邀标竞买的形式销售和购买。

（四）中央储备粮的费用拨付机制

在财务核算方面，储备粮的管理费用补贴实行的是定额包干政策。中国储备粮管理总公司包干使用由国务院财政部门拨付的补贴资金，自负轮换盈亏。中国储备粮管理总公司按照国务院财政部门的有关规定，通过中国农业发展银行补贴专户，按季、逐级、足额拨付补贴资金到直接承担国家专项粮食储备的企业。在中央储备粮管理费用补贴包干总额内，中国储备粮管理总公司可以根据不同储存条件和实际费用水平，适当调整不同地区、不同品种、不同承储企业的管理费用补贴标准，但同一地区、同一品种、储存条件基本相同的承储企业的管理费用补贴标准原则上应保持一致。

二、地方储备粮的运行机制

地方储备粮是指县级以上地方人民政府储备的用于调节本行政区域内粮食供求总量、稳定粮食市场以及应对重大自然灾害或其他突发事件的粮食，实行分级储备、分级管理，上级粮食行政管理部门对下级储备粮的经营管理进行监督。地方储备粮是我国以政府储备为主体，以社会储备为补充的储备体系的重要组成部分，是保障国家粮食安全的一道重要防线，是落实粮食安全省长责任制的坚实基础，是加强地方粮食调控的物质保证。自1990年地方储备初步形成到2000年不断发展以来，地方储备粮的运行机制正逐步健全完善。

（一）地方储备粮的管理组织机构

目前我国地方储备粮的管理组织机构主要具有四种形式：一是由地方各级粮食行政管理部门直接管理本级地方储备粮的日常工作，如江苏省、浙江省、河北省、黑龙江省、北京市等；二是由当地政府职能部门指定省、区、市国有粮食集团公司承担地方储备任务，如深圳市、珠海市等，深圳在《深圳市粮食储备管理暂行办法》中规定，政府储备粮实行委托承储、动态储备，由市政府总体计划、市区共同储备制度，储备比例为政府60%、两区政府各20%，但该比例可根据实际情况作出调整，市政府可以与粮食产地政府或粮食经营企业建立长期友好合作关系，并通过委托承储合同指定政府储备粮的产地；三是成立地方储备粮管理公司，管理若干本地直属粮库，如陕西省《关于完善我省粮食储备管理体系的通知》指出，将省储备粮管理中心改为省储备粮管理公司，并按照政企分开的原则，执行企业财务制度，通过资产整体划转方式，分批上收一定规模的粮库，由省储备粮管理公司对其人、财、物实行垂直管理；四是成立粮食储备管理局，与粮食局合署办公，对地方储备粮实行垂直管理，如宁夏回族自治区。

（二）地方储备粮的费用拨付机制

地方储备粮的费用和利息补贴从粮食风险基金列支，补贴标准依照中央储备粮执行。地方储备粮的保管费用参照中央储备粮的方法，多实行定额包干、超额自负。费用的拨付形式主要有两种：一是由财政部门拨付给粮食局，再由粮食局通过农业发展银行拨付给承储企业，如江苏省、安徽省、河北省、山西省、北京市等；二是由财政部门将保管费用和其他补贴直接拨付给承储企业，如湖南省、深圳市等，湖南省由财政厅将保管费用和其他补贴直接按季度拨付给承储企业，深圳在《深圳市粮食储备管理暂行办法》中规定政府储备粮正常储备费用实行季度预拨和年度决算的支付方式，每季度次月，由市财政部门、两区政府预拨本季度储备费，每年度前两个月内，由市发展和改革部门、两区发展和改革部门完成前一年度政府储备粮工作考核，并提出年度储备费拨付意见，经核定后，市、区财政部门应于第一季度内完成上一年度政府储备粮正常储备费用的核拨工作。

（三）地方储备粮的轮换机制

地方储备粮实行均衡轮换制度，以粮食品质检测指标为依据，以储存年限为参考标准。省级储备粮年度轮换计划的制定主体各地不一，如江苏、河北等省由省粮食局负责制定年度轮换计划；而黑龙江省由省储备粮公司拟定轮换计划，经省粮食局、省财政部门、省发展和改革部门、省农发行共同审核同意后，由省储备粮公司组织实施；山西省由各承储单位提出省级储备粮年度轮换的数量、品种和计划，报省粮食行政管理部门、省级财政部门和中国农业发展银行山西省分行备案。储备粮每年的轮换数量或轮换期间的实际库存数量标准因地而异，如北京市按照市储备粮实际库存数量的20%～30%的比例安排分批轮换，轮换期间内实际库存数量不得低于总规模的80%；黑龙江省每年轮换的数量为省级储备粮的20%～50%，但要保证每一品种粮食在正常储存年限内全部轮换一次；江苏省规定新粮上市时粳稻、杂交稻、小麦必须分别轮换总量的2/3、1/2、1/3，轮换期间实物储备粮库存分别不得低于总量的1/3、1/2、2/3，每批的轮空期不超过3个月。省级储备粮的储备年限标准也不尽相同，如河北省规定按粮食收获年份计算，小麦储存年限为3～5年，玉米2～3年；江苏省规定粳稻、杂交稻、小麦的储存年限分别为1.5年、2年、3年，这主要由各地自然气候、粮食品种等因素决定。具体轮换方式可实行竞价交易、国内（外）定向采购或销售，以及政府批准的其他方式。

（四）地方储备粮的动用机制

当全省或部分地区出现粮食明显供不应求或者市场价格异常波动，或发生重大自然灾害或其他突发事件，或出现其他省（自治区）人民政府认为需要动用省级储备粮的其他情形，方可动用省级储备粮。动用省级储备粮，往往需要省（自治区）粮食行政管理部门会同省级（自治区）财政部门和中国农业发展银行某地分行提出动用方案，报省（自治区）人民政府批准。动用方案应包括动用省级储备粮的品种、数量、质量、价格、使用安排、运输保障等内容。

（五）地方储备粮的异地代购代储机制

随着城镇化进程的不断推进，耕地资源越发稀缺，粮食供给压力日益加大，尤其是粮食主销区，种植粮食甚至是储藏粮食的机会成本攀升。因此，近年来部分地区积极开拓粮源，创新尝试推行异地代购代储机制，以丰富当地的粮食储备。2014年北京粮食产量不足64万吨，稻谷供给主要来源于黑龙江、吉林，小麦供给主要来源于河北、河南、山东。为做好粮食储备，确保粮食供应，北京采取三级管理、专项检查的方式在产区实行异地代储，代储粮食与异地储备要同标准同要求。所谓三级管理中的三级，分别是北京市储备粮异地储存管理办公室、监管单位异地存储管理办公室、代储单位建立的北京市储备粮管理机构。由代储单位设立保管台账，实行月报制度；北京市粮食局及其委托的监管单位，以及粮食专家组对代储粮食的仓储管理、储粮安全等进行监督检查；中国农业发展银行北京分行对异地代储的粮食账目进行监管。浙江省仙居县根据相关规定，由县国有粮食收储有限公司储存不低于80%的县级储备粮，其余部分粮食储备则由省外粮食主产区的国有粮食购销企业代储完成。异地代收代储能够实现粮食产销区的优势互补，有助于保障销区粮食供给、降低粮食储藏成本，完善粮食主销区的粮食储备安全体系，也有助于拓宽粮食主产区的销售渠道，解决主产区农民卖粮难的问题，但同时必须注意保障代储粮食的质量安全以及周转效率，厘清责任。

（六）地方成品粮的储备机制

2003年"非典"爆发，北京等城市发生粮食抢购，粮食市场价格剧烈波动，此后北京市粮食局制定了《北京市储备成品粮承储管理储存暂行办法》，我国地方成品粮储备开始逐步建立，但由于成品粮储存占用空间大，且对储存条件的要求更为严格，从而需要更多的地方财政投入，增加了储存和轮换的难度，因此地方成品粮储备的发展相对缓慢。各地根据粮食生产加工能力、交通便利程度、居民消费偏好以及财政实力等开展成品粮储备建设。目前我国成品粮储备以面粉、大米为主，大部分采用小包装储备；部分省份将成品粮储备列为常规储备，储备期限为一年，部分省份则将成品粮储备列为临时应急储备，要求加工企业储备一定数量成品粮，地方财政给予相应的资金支持，应急状态下政府对该部分成品粮储备享有优先使用权，储备期限为半年（杨羽宇，2014）。

第三节 粮食储备政策面临问题与改革方向

一、粮食储备政策面临的问题

党的十八届三中全会强调要深化改革，要使市场在资源配置中起决定性作用，指出经济体制改革的核心问题是处理好政府与市场的关系，必须更加尊重市场规律，更好地发挥政府作用。尽管目前我国粮食储备体系对于粮食安全保障具有重大作用，但仍存在一些问题，同样需要深化市场化改革。

（一）粮食储备目标多元化

我国粮食储备的目标分为主导目标和衍生目标。主导目标是保障粮食安全，衍生目标包括稳定生产者收入、平抑市场价格、提高效益等。中国储备粮管理总公司将中央储备粮的目标界定为"两个确保"和"三个维护"，即确保中央储备粮数量真实、质量良好，确保国家需要时调得动、用得上；维护农民利益、维护粮食市场稳定、维护国家粮食安全。显然，这是一个多元化的目标体系，结果可能导致主次目标不分，或者难以在维护粮食市场稳定，避免"谷贱伤农"、"米贵伤民"之间寻求到一个平衡点，进而导致国家粮食储备规模过大，造成沉重的财政负担，形成低效的粮食储备体系。

（二）中储粮总公司政企难分

在现行的以中储粮垂直管理为核心的粮食储备政策中，中国储备粮管理总公司无疑是最重要的主体之一，因其既负责中央储备粮的经营管理，承担政策性粮食业务，同时也是实行现代企业制度的国有企业。具体而言，在运行机制上，中国储备粮管理总公司既是政策的执行方，同时也是监管方；在经营业务上，中国储备粮管理总公司既是自主经营、自负盈亏的市场经济主体，同时也要承担国家保障粮食安全的政策性任务。以上的政策设计将中国储备粮管理总公司拖入了政企难分的境地，并且在这种客观背景下，进一步衍生了诸多问题，特别是中储粮总公司、分公司及直属库掌握着垄断性粮源，并拥有审批托市收购资格的特权，权力过于集中、监管缺失导致近年来中储粮贪腐案件频发，如2013年中储粮河南分公司原总经理李长轩等利用收购托市粮，将粮食买卖就地空转，即所谓的转圈粮，套取巨额的国家补贴，涉及该分公司及70多个直属库，构成新中国成立以来最大的粮食贪腐案件，暴露了我国现行粮食储备政策在体制、机制、管理等方面的问题。

（三）中央、省、市、县多级的储备体系削弱调控作用

我国现有的粮食储备格局是中央、省、市和县级储备并存，这种储备体系一方面减轻了中央负担，调动了地方粮食生产、储备的积极性，而另一方面也导致粮食储备调节决策相对分散，难以形成合力。因为地方储备粮主要是用于应对本区域内的自然灾害或突发事件、市场发生明显供不应求或价格异常波动等情况，而中央储备粮则是用于应对重大自然灾害或其他突发事件、调节全国粮食供求总量、稳定全国粮食市场，所以，中央储备粮对地方储备粮具有功能覆盖性。因此，在粮食安全省长责任制下，地方政府对本地区粮食生产流通全面负责的状况，使得地方政府利益相对独立，甚至会出现地方与中央存在利益冲突的局面，特别是突发事件发生时，地方政府容易"搭便车"，即地方政府坐等中央储备粮救助，甚至为了实现自身利益最大化而逆市操作。以上现象导致中央对地方政府的不信任，导致中央储备粮不得不加强建设、规模不断扩大，地方储备发展相对缓慢，形成恶性

循环，造成国家财政资金使用效率低下。此外，各地方库存粮食的运作一定程度上要依赖于县级或市级政府。由于各地具体情况不一，各级利益主体对粮食储备侧重的目标也不同，从而难以协调各个地区粮食储备在时空和力度上的一致性，比如部分粮食主产区因为粮源丰富，认为无须建立大规模的粮食储备，部分粮食主销区因为经济发达，财政充裕，认为可以购买足够的粮食，也无须建立粮食储备。与此同时，市、县级储备往往会因财政困难无法承担本级粮食储备所需的各项补贴金额，造成粮食储备的作用无法全面发挥。

（四）粮食储备轮换仍与市场脱节

目前我国的粮食储备轮换逐渐在粮食批发市场上开展，甚至许多地区采取了网上竞价等方式，但仍然与市场相脱节，主要表现在粮食承储企业缺乏粮食轮换经营权。相较于政府，企业对粮食市场敏感程度更高，但承储企业无法根据市场行情变化及时轮换。因为目前我国大部分地区采取定期轮换的管理办法，即以存储粮食的品质和储存年限为依据确定轮换周期，在达到或接近储存年限的情况下，承储企业才开始按照规定程序、依照政府下达的轮换计划在规定时间内进行轮换，往往因报批程序烦琐错过轮换的最佳时机，更无法按照市场周期实施轮换。此外，粮食市场是储备粮进行轮换的载体，而我国目前的粮食市场体系尚不健全，区域性批发市场的功能及价格指导作用尚未充分发挥，期货市场仍不成熟。

（五）中央储备粮储备费用的补贴标准不合时宜

我国现行的中央储备粮管理费用补贴实行定额包干方式，在补贴标准合理的情况下，有利于调动企业积极性，增收节支。而现实是随着物价水平的提高，储备粮各项管理成本费用不断上涨，现行的补贴标准和范围与之不相适应。此外，各地区的自然条件、经济条件各具差异，如南方地区气候温湿，北方气候干冷，南方的粮食承储企业保管成本自然高于北方；经济发达地区物价水平较高，粮食储备费用相应高于欠发达地区，而我国不同类型的地区之间、企业之间储备费用补贴标准基本一样。

（六）粮食储备品种布局不尽合理

我国现行的粮食储备在品种结构及储备布局上均需调整完善。目前粮食储备的品种以小麦、大米、玉米为主，大豆的比重极少。在品种的内部结构上，粮食储备更多的是普通品种，优质品种所占比重极少。储备布局上，部分地方政府官员观念上存在粮食流通市场化后，市场可以解决一切问题的误区，导致产区储粮大、销区储粮小的现象日趋严重。突发事件发生时，储备布局的不合理将对粮食安全产生负面影响，从产区向销区调运粮食成为政府的首要任务和压力。

二、粮食储备政策的改革方向

（一）构建开放条件下粮食市场价格形成机制

1. 打破现有市场垄断结构

目前，我国现行的粮食价格形成机制并非完全由市场供需决定，而是一种在政府主导下的有条件的市场调节机制，突出表现以粮食托市收购价格为核心的价格支持政策过多地替代了市场的作用，使得粮食市场的运行缺乏内在的自动调节机制，尤其在政策性收购关键环节，以中储粮总公司为首的国有粮食收购企业，垄断粮源收购，通过顺价方式进行销售或拍卖，进一步推高了粮食价格。2010 年起，虽然在全国小麦最低收购价预案中新增了中粮集团和华粮集团，这在一定程度上打破了中储粮一家垄断的局面，但仍远远不够。因此，要调整现有的托市收购，打破现有的垄断市场结构，合理扩大政策性收购的主体。

2. 建立粮食价格监测预测机制

政府应按深化市场改革的要求，在 WTO 规则下，跳出以往粮食价格管理的框架约束，把工作重点从以微观管理为主转移到宏观调控、行业指导、执法监督和协调服务上来。加快建立健全粮食价格信息管理与调控机制，对粮食市场的宏观调控做到信息准确及时，调控规范有序。可依托全国性和区域性批发市场建立市场信息报告和调查制度，提高粮食信息的真实性、及时性和透明度，使有条件的批发市场成为粮食中介服务组织，成为沟通农民、消费者、粮食流通企业和政府的桥梁，通过开展粮食价格咨询服务活动，引导粮食生产和贸易活动，促进粮食价格合理运动，为政府调控粮价提供服务。

3. 建立统一、开放、高效的全国性粮食批发市场

以批发市场为重点，培育和规范粮食现货市场。遵循市场发育的客观规律，制定科学的发展规划，有计划、有步骤、分阶段地建设一批区域和全国性的粮食批发市场，通过建立和完善粮食市场管理法律法规，改善粮食市场建设环境，减少不必要的行政干预，消除地区封锁，培育多元化的市场主体，加速全国统一市场的形成过程，通过粮食批发市场实施国家储备粮的吞吐调节，建立高效、灵活的调控机制，以利于在开放条件下形成粮食市场价格；实现粮食现货、期货市场相结合，国内国外市场相统一的价格体系。重视境外粮食市场价格监测系统的建设，及时掌握并发布国际市场粮价信息，促进国内市场粮价与国际市场价格的动态衔接。

（二）制定完善的补贴机制

1. 精简粮食托市收购政策所承担的任务和责任

以粮食托市收购价格为核心的价格支持政策托高了粮食价格，造成粮食价格体系紊

乱，形成多种粮食价格倒挂。托市政策不应该成为也不能成为一个顾全大局统筹各方的政策，单纯依靠托市收购政策促进农民增收已经不现实。因此，要明确托市收购政策的目标，进一步修改与完善现有的托市政策，改变托市价格"只涨不跌"的现状；尝试延长收购时间，由农户根据生产和市场周期自主决定售粮时机、储粮数量，这样可以减少集中收购对市场带来的冲击，也有助于提高储备粮的品质；此外，可以尝试增加收购主体，只要符合收储资质，都可以申请进入托市收购的序列。

2. 探索制定合理粮食价外补贴办法

坚持市场定价，逐步推进粮食价格形成机制与政府补贴脱钩。按照"谁储备、谁补贴"的原则，依据粮食收购合同条款和收购期间农户向各地粮食行政主管部门事先指定的粮食收购企业实际交售的粮食数量，在按市场价收购的基础上制定科学合理的价外补贴方法。2014 年开始实施的大豆、棉花的目标价格补贴政策，2016 年以来的玉米价补分离等便是一种积极有益的探索。具体操作时，价外补贴标准分为两个部分：一是当年粮食行政管理部门发布的最低收购价超出市场价的部分，即目标价格内补贴；二是在最低收购价或市场价（两者取大）基础上的加价部分，补贴标准每年由发改委、财政部和国家粮食局共同确定并在年初向社会公布。在财政补贴资金来源上，享受价外补贴的粳稻和小麦进入省级储备的，其补贴资金由省财政承担；进入地方储备的，其补贴资金按当地实际情况确定省财政和地方财政的分担比例。

3. 建立产销区利益协调机制

在地方粮食储备补贴中，要增加中央支持力度，尤其是经济欠发达的粮食主产区。粮食主产区供给了中国绝大部分的粮食商品，对保障国家粮食安全和社会稳定做出了巨大贡献。然而保障粮食安全具有公共物品的属性，粮食主产区在发展粮食生产、维持粮食储备、保障国家粮食安全的同时也付出了巨大的机会成本，一定程度上是以牺牲工业经济发展速度为代价的。因此，国家应当在增加中央对地方财政的支持中，特别倾向于粮食主产区，提高中央财政在主产区的粮食风险基金中的比例。另外，建立产区与销区的利益协调机制，把主销区调入的主产区粮食根据数量与品种标准相应制定转移风险基金配套额度，由主销区承担部分主产区的风险基金，从而减轻主产区的财务负担。

（三）优化粮食储备轮换机制

1. 正确区分轮换与调控、经营的关系

正确认识和区分储备粮轮换和宏观调控的关系，避免宏观调控的广泛化和扩大化。轮换是在正常情况和储备规模不变的情况下，储备粮在一定时期内购进和销出，以保证储备粮质量的一种推陈储新方法，是一种面向市场的购销行为。储备粮的购进销出并不改变粮食市场的总量，一般也不会引起轮换品种和粮食价格总水平的波动，更谈不上总量上的供给调节或需求调节。因此，不应将轮换视作承担宏观调控任务的一种手段，通过轮入来调节需求或通过轮出来调节供给。换言之，在正常情况下应尽量使储备粮轮换从宏观调控的工具和手段中退出，减少对正常轮换的行政干预，提高储备粮轮换的市场化运作程度，但同时要注意避免因轮换时机选择不当而引起市场波动。此外，经营业务必须与储备业务相剥离，承储企业的储备粮轮换仅仅是执行由上级行政主管部门作出的储备粮轮换决策，是一种行政运作的业务，企业仅需在财政拨付的包干费用中精打细算，确保储备粮数量和质量安全。

2. 调整各级储备粮轮换周期和办法

储备粮的销售实行公开市场拍卖，代储粮由承储企业竞拍，粮食公开拍卖后，政府、企业可以按照一定比例分成。按目前的中央储备规模，每年轮换数量巨大，而且轮换期与每年新粮收获上市期相重叠，对国内市场形成不小冲击，为错开粮食集中收获上市期，小麦由三年改为三年半，稻谷和玉米也考虑适当延长。对储备粮轮换实行静态管理与动态管理相结合的管理体制。改革现行的储备粮轮换办法，可以核定一部分储备粮为静态库存，另一部分为动态库存。静态库存量以承储企业承储数量为基础，依据储存品种、品质设立，静态库存保持70%～80%，动态库存设立20%～30%。静态库存的轮换架空期仍然保持3～4个月不变，由政府掌握，承储企业不得动用，必须确保任一时点都数量真实、品质良好。动态库存由承储企业自行运作，实行自主经营、自负盈亏，即由承储企业根据粮食市场行情和库存粮食的品质变化等情况综合考虑，自行确定轮入轮出的时机和经营的主动权，灵活运作，适时吞吐；负责统一组织实施的部门，如粮食行政管理部门不再下达轮换批复和计划，财政部门也不再按轮换批次拨付轮换补贴，而在平时的储粮补贴中加入轮换补贴。

3. 正确处理轮换架空期

储备粮轮换过程中，轮出到轮入入库这段时间称为储备粮的轮换架空期。目前大部分企业的轮换架空期均为3～5个月。轮换架空期的设置不必千篇一律，但要以确保储备粮数量和质量安全为首要前提，其次再以提高储备粮轮换的效率和提高承储企业的经营效率为原则。分散决策，特别是对预设的储备粮动态库存，充分考虑安全风险和市场经营风险；分散轮换，对市场需求平稳的品种可适当延长架空期，对市场紧缺品种采取边出边进或先进后出的轮换模式比较适合。这样既减少粮食安全的风险，也给承储企业提供一定的市场营销途径。

（四）建立完善权力约束与监督评价机制

1. 建立健全决策权、执行权与监督权的制衡机制

针对目前我国粮食调控过程中的权责不明、效率低下等问题，将粮权属于国务院的中央储备粮的收、储、轮、调的决策权交给国家发展和改革委员会及财政部门；储备粮的管理权交给粮食行政管理部门；储备粮的监督权交给财政部门和审计部门；具体执行部门为中储粮总公司和地方承储企业；此外，剥离中储粮总公司的非政策性储备业务，如大米加工、油脂加工等业务由民营企业运作。

2. 构建承储企业激励与约束机制

为剥离中储粮总公司的非政策性储备业务，强化其政策性储备业务，应该建立有效的激励和约束机制，一方面促进中储粮总公司及其分公司、直属库等积极做好政策性储备业务，另一方面要能协调中央承储企业和地方承储企业之间的关系，明确权责利关系，避免地方"搭便车"行为。一是要明确承储企业激励约束的主体：中央储备粮承储企业的激励约束主体是国资委和国家粮食行政主管部门，地方储备粮承储企业的激励约束主体是省政府和地方粮食行政主管部门。二是要明确激励与约束的目标：中央储备粮企业的激励与约束目标是应对重大自然灾害或突发事件，稳定全国范围内的粮食市场，保障我国居民的口粮安全；地方储备粮企业的目标是保障地方粮食正常供应，确保区域内的粮食市场平稳运行。

3. 建立绩效评估机制

打破传统对一般企业的绩效评估考核机制的做法，即不能从国有资产的保值增值、利润角度等对承储企业进行考核，而是重点考核承储企业的运作规范、储备粮的数量与质量、储备成本等，考核主体为国家粮食行政主管部门和地方粮食行政主管部门。此外，可同时考虑对粮食行政管理部门进行考核，考核具体内容为粮食行政管理部门在粮食安全出现问题时的事前预测能力、事中控制能力和事后解决能力，考核指标为全国范围内的价格波动幅度；中央储备的考核主体为国务院，代行主体为发改委。

附　录

附录 1　世界粮食供求资料

一、世界谷物供求平衡表

附表 1-1　世界谷物供求平衡表

单位：千公吨

年份	期初库存	产量	国内总消费量	进口量	出口量	期末库存
2000	587608	1846594	1862288	223687	229428	566173
2001	566173	1880458	1905552	230536	234668	536947
2002	536947	1822571	1909570	231523	236354	445117
2003	445117	1864011	1937245	227399	239108	360174
2004	360174	2043460	1990060	236341	240446	409469
2005	409469	2017743	2020731	243648	254023	396106
2006	396106	2005463	2045932	255473	260686	350424
2007	350424	2125387	2095985	270025	275270	374581
2008	374581	2242114	2150778	275303	285981	455239
2009	455239	2246105	2192539	276718	291229	494294
2010	494294	2200145	2225622	280167	284250	464734
2011	464734	2319883	2281699	313184	344814	471288
2012	471288	2267220	2294604	309351	299492	453763

续表

年份	期初库存	产量	国内总消费量	进口量	出口量	期末库存
2013	453763	2470027	2398654	350184	369461	505859
2014	519755	2513073	2432175	370056	393743	576966
2015	576966	2456046	2442566	387890	375661	602675

资料来源：美国农业部。谷物包括稻谷、小麦、玉米、大麦、燕麦、黑麦、高粱、小米。

二、主要品种供求平衡表

（一）世界稻谷供求平衡表

附表1-2　世界稻谷供求平衡表

单位：千公吨

年份	期初库存	产量	国内总消费量	进口量	出口量	期末库存
2000	143070	399260	393697	23171	24396	146736
2001	146736	399472	412489	26000	27814	132889
2002	132889	378199	405916	26091	27540	102964
2003	102964	392312	411277	25888	27253	81575
2004	81575	400920	406276	26863	28957	74030
2005	74030	417312	411511	26700	29102	76715
2006	76715	419901	418392	29875	31922	75455
2007	75455	432594	425709	28474	29575	80883
2008	80883	448701	435527	27012	29398	92405
2009	92405	440638	435165	29308	31569	94935
2010	94935	449299	443506	33870	36245	98727
2011	98727	465826	456126	37040	39127	104842
2012	104842	468994	465860	35750	38327	105173
2013	105173	476769	472446	37076	39007	107391
2014	114002	478691	478122	41135	43582	114571
2015	114571	472105	470366	38018	39716	116310

资料来源：美国农业部。

（二）世界小麦供求平衡表

附表 1-3　世界小麦供求平衡表

单位：千公吨

年份	期初库存	产量	国内总消费量	进口量	出口量	期末库存
2000	210893	583210	585514	99864	102180	207256
2001	207256	583823	587132	106959	108018	204315
2002	204315	569627	602813	103414	106634	169503
2003	169503	555360	581499	100566	103453	136025
2004	136025	626701	605423	110717	113228	156455
2005	156455	618808	615894	111987	114206	153706
2006	153706	596544	618315	113481	115433	134333
2007	134333	612624	614828	113325	116224	128882
2008	128882	683516	637129	140703	143224	168946
2009	168946	686985	650862	132614	135397	201780
2010	201780	652415	653640	130816	134005	198980
2011	198980	697168	688314	151573	153847	199327
2012	199327	655195	687081	143626	146984	173854
2013	173854	708891	701530	149420	152383	176275
2014	194685	728256	705739	159111	164421	217202
2015	217202	735480	711650	169935	172191	241032

资料来源：美国农业部。

（三）世界玉米供求平衡表

附表 1-4　世界玉米供求平衡表

单位：千公吨

年份	期初库存	产量	国内总消费量	进口量	出口量	期末库存
2000	194381	591898	609176	74949	75903	175277
2001	175277	601632	622371	71752	72739	151441
2002	151441	603891	627513	75727	76782	126772
2003	126772	627511	649525	76808	79037	104452
2004	104452	716207	688243	76131	75971	130698
2005	130698	700086	706094	79716	82537	123945
2006	123945	715840	725674	90205	91289	110430
2007	110430	795110	773750	99903	98150	131450

续表

年份	期初库存	产量	国内总消费量	进口量	出口量	期末库存
2008	131450	800559	782780	82101	83589	147330
2009	147330	824854	819502	90063	92723	145689
2010	145689	833270	851738	90976	91678	128278
2011	128278	884371	863752	100977	103753	131839
2012	131839	860062	872854	97625	99155	122589
2013	122589	956672	927381	102170	104500	151419
2014	174770	1014020	980763	124849	141797	208027
2015	174770	959885	958516	138827	120427	209396

资料来源：美国农业部。

（四）世界大豆供求平衡表

附表 1-5　世界大豆供求平衡表

单位：千公吨

年份	期初库存	产量	口粮消费量	国内总消费量	进口量	出口量	期末库存
2000	30172	175759	11051	171498	53089	53817	33705
2001	33705	184831	11532	184245	54356	53012	35635
2002	35635	196896	11882	191064	62884	61321	43030
2003	43030	186620	12048	188906	54082	56046	38780
2004	38780	215724	12979	204004	63477	64754	49223
2005	49223	220700	13345	215756	64086	63852	54401
2006	54401	236067	13847	224606	68966	71137	63691
2007	63691	219552	13991	229748	78349	78323	53521
2008	53521	211602	14198	221209	77394	77213	44095
2009	44095	260403	14613	237702	86853	91438	62211
2010	62211	263924	15025	251448	88729	91700	71716
2011	71716	239152	15360	256935	93222	92267	54888
2012	54888	267483	15535	257911	94832	97743	61549
2013	61549	281662	104502	15940	268884	107289	71540
2014	61900	319780	16698	300733	123870	126218	78599
2015	78599	313197	17566	315542	132959	132142	78599

资料来源：美国农业部。

三、世界主要国家粮食供求平衡表

（一）美国粮食供求平衡表

1. 美国谷物供求平衡表

附表 1－6　美国谷物供求平衡表

单位：千公吨

年份	期初库存	产量	进口量	出口量	国内总消费量	饲料粮消费量	期末库存
2000	75572	339685	5508	88109	255222	167752	77434
2001	77434	321438	5905	84290	253084	164123	67403
2002	67403	293960	5143	72714	248649	152750	45143
2003	45143	345273	4630	88587	262062	160993	44397
2004	44397	385538	4580	83910	275895	170179	74710
2005	74710	363054	4810	90724	280168	166489	71682
2006	71682	335482	6521	85992	277839	150054	49854
2007	49854	411970	7274	107592	307189	156247	54317
2008	54317	400429	7120	81609	314353	147865	65904
2009	65904	416254	6148	82042	330395	140899	75869
2010	75869	397891	5740	89206	333026	131437	57268
2011	57268	384007	6541	72830	325652	124300	49334
2012	49334	354010	10713	51545	318228	126116	44284
2013	44225	433668	8550	89421	345548	141885	51474
2014	51403	439487	8340	83279	346974	141710	68977
2015	68977	429213	7770	81586	348213	139985	76161

资料来源：美国农业部。包括稻谷、小麦、玉米、大麦、燕麦、黑麦、高粱、小米等。

2. 美国稻谷供求平衡表

附表 1－7　美国稻谷供求平衡表

单位：千公吨

年份	期初库存	产量	进口量	出口量	国内总消费量	期末库存
2000	867	5941	345	2590	3676	887
2001	887	6714	419	2954	3850	1216
2002	1216	6536	471	3860	3534	829
2003	829	6420	478	3310	3656	761

续表

年份	期初库存	产量	进口量	出口量	国内总消费量	期末库存
2004	761	7462	419	3496	3935	1211
2005	1211	7101	544	3660	3826	1370
2006	1370	6267	653	2923	4101	1266
2007	1266	6288	759	3336	4042	935
2008	935	6546	610	3032	4082	977
2009	977	7133	604	3516	4014	1184
2010	1184	7593	582	3515	4330	1514
2011	1514	5866	615	3199	3493	1303
2012	1303	6334	669	3400	3750	1156
2013	1156	6115	733	2985	3994	1025
2014	1025	7106	783	3061	4301	1552
2015	1552	6107	766	3421	3529	1475

资料来源：美国农业部。

3. 美国小麦供求平衡表

附表 1-8　美国小麦供求平衡表

单位：千公吨

年份	期初库存	产量	进口量	出口量	国内总消费量	饲料粮及残渣	期末库存
2000	25848	60641	2445	28904	36184	8176	23846
2001	23846	53001	2927	26190	32434	4953	21150
2002	21150	43705	2106	23139	30448	3150	13374
2003	13374	63805	1715	31524	32498	5512	14872
2004	14872	58698	1921	29009	31783	4916	14699
2005	14699	57243	2214	27291	31320	4263	15545
2006	15545	49217	3317	24725	30940	3186	12414
2007	12414	55821	3065	34363	28614	434	8323
2008	8323	68016	3456	27635	34293	6946	17867
2009	17867	60366	3227	23931	30977	4078	26552
2010	26552	60062	2638	35147	30639	3518	23466
2011	23466	54413	3050	28606	32112	4419	20211
2012	20211	61671	3341	27416	38269	10563	19538
2013	19538	58105	4588	32012	34174	6192	16045
2014	16065	55147	4117	23518	31334	3094	20477
2015	20477	56117	3073	21094	32019	4134	26554

资料来源：美国农业部。

4. 美国玉米供求平衡表

附表 1-9　美国玉米供求平衡表

单位：千公吨

年份	期初库存	产量	进口量	出口量	国内总消费量	饲料粮及残渣	期末库存
2000	43628	251854	173	49313	198102	147887	48240
2001	48240	241377	258	48383	200941	148565	40551
2002	40551	227767	367	40334	200748	140934	27603
2003	27603	256229	358	48258	211595	146850	24337
2004	24337	299876	275	46181	224610	155838	53697
2005	53697	282263	224	54201	232015	155330	49968
2006	49968	267503	304	53987	230674	140726	33114
2007	33114	331177	509	61913	261632	148793	41255
2008	41255	307142	344	46965	259272	131625	42504
2009	42504	332549	212	50270	281615	130199	43380
2010	43380	316165	703	46481	285123	121908	28644
2011	28644	313949	746	39182	279035	115744	25122
2012	25122	273832	4125	18579	263579	110058	20921
2013	20859	353715	909	48703	295392	130185	31388
2014	31292	361091	804	47421	301792	134108	43974
2015	43974	345486	1714	48202	298831	130302	44141

资料来源：美国农业部。

5. 美国大豆供求平衡表

附表 1-10　美国大豆供求平衡表

单位：千公吨

年份	期初库存	产量	进口量	出口量	国内总消费量	期末库存
2000	7897	75055	97	27103	49203	6743
2001	6743	78672	63	28948	50867	5663
2002	5663	75010	127	28423	47524	4853
2003	4853	66783	151	24128	44600	3059
2004	3059	85019	152	29860	51410	6960
2005	6960	83507	92	25579	52751	12229
2006	12229	87001	246	30386	53473	15617
2007	15617	72859	269	31538	51627	5580

续表

年份	期初库存	产量	进口量	出口量	国内总消费量	期末库存
2008	5580	80749	361	34817	48112	3761
2009	3761	91417	397	40798	50671	4106
2010	4106	90605	393	40957	48295	5852
2011	5852	84192	439	37150	48723	4610
2012	4610	82561	984	35913	48416	3826
2013	3825	91389	1951	44815	49847	2503
2014	2504	106878	904	50143	54955	5188
2015	5188	106857	640	52688	54634	5363

资料来源：美国农业部。

（二）印度粮食供求平衡表

1. 印度谷物供求平衡表

附表 1-11　印度谷物供求平衡表

单位：千公吨

年份	期初库存	产量	进口量	出口量	国内总消费量	饲料粮及残渣	期末库存
2000	31839	192955	491	3349	174297	9860	47639
2001	47639	197350	34	9413	186311	10750	49299
2002	49299	170220	35	10347	181789	9950	27418
2003	27418	191710	8	10049	190198	10500	18889
2004	18889	188840	14	7165	186939	10800	13639
2005	13639	194470	70	6014	188868	10300	13297
2006	13297	196510	6725	7051	192697	10900	16784
2007	16784	213130	1966	9618	202389	11800	19873
2008	19873	217300	23	4940	198514	12300	33742
2009	33742	203660	242	4257	195658	12400	37729
2010	37729	220150	293	6425	210816	14650	40931
2011	40931	234430	18	16016	212588	14750	46775
2012	46775	239190	66	23099	212447	14600	50485
2013	51006	242760	37	20315	227906	17700	45582
2014	43116	244408	82	17335	231746	19500	38525
2015	38525	228893	724	12054	221553	19120	34535

资料来源：美国农业部。

2. 印度稻谷供求平衡表

附表 1－12　印度稻谷供求平衡表

单位：千公吨

年份	期初库存	产量	进口量	出口量	国内总消费量	期末库存
2000	17716	84980	0	1685	75960	25051
2001	25051	93340	0	6300	87611	24480
2002	24480	71820	0	5440	79860	11000
2003	11000	88530	0	3100	85630	10800
2004	10800	83130	0	4569	80861	8500
2005	8500	91790	6	4688	85088	10520
2006	10520	93350	0	5740	86700	11430
2007	11430	96690	0	4654	90466	13000
2008	13000	99180	0	2090	91090	19000
2009	19000	89090	0	2082	85508	20500
2010	20500	95980	0	2774	90206	23500
2011	23500	105310	0	10376	93334	25100
2012	25100	104400	0	11000	93500	25000
2013	25440	106540	0	10000	96500	25480
2014	22800	105482	0	12238	98244	17800
2015	17800	104320	0	10208	98244	18400

资料来源：美国农业部。

3. 印度小麦供求平衡表

附表 1－13　印度小麦供求平衡表

单位：千公吨

年份	期初库存	产量	进口量	出口量	饲料粮及残渣	国内总消费量	期末库存
2000	13080	76369	441	1569	2700	66821	21500
2001	21500	69680	32	3087	2700	65125	23000
2002	23000	72770	34	4850	2900	75254	15700
2003	15700	65760	8	5650	2400	68918	6900
2004	6900	72150	8	2120	2400	72838	4100
2005	4100	68640	41	801	2200	69980	2000
2006	2000	69350	6721	94	2300	73477	4500
2007	4500	75810	1962	49	2500	76423	5800

续表

年份	期初库存	产量	进口量	出口量	饲料粮及残渣	国内总消费量	期末库存
2008	5800	78570	7	23	2500	70924	13430
2009	13430	80680	218	58	2800	78150	16120
2010	16120	80800	272	72	2900	81760	15360
2011	15360	86870	15	891	3100	81404	19950
2012	19950	94880	16	6824	3400	83822	24200
2013	24200	93510	25	5899	94006	93848	17830
2014	17830	95850	51	3409	4500	93102	17220
2015	17830	86530	471	1130	4200	88551	14540

资料来源：美国农业部。

4. 印度玉米供求平衡表

附表 1-14　印度玉米供求平衡表

单位：千公吨

年份	期初库存	产量	进口量	出口量	饲料粮及残渣	国内总消费量	期末库存
2000	693	12040	50	95	5150	11950	738
2001	738	13160	1	25	6000	12700	1174
2002	1174	11150	1	50	5200	12000	275
2003	275	14980	0	1257	6100	13500	498
2004	498	14180	3	448	6400	13900	333
2005	333	14710	4	521	6000	14200	326
2006	326	15100	4	1208	6400	13900	322
2007	322	18960	4	4473	6700	14200	613
2008	613	19730	13	2608	7500	17000	748
2009	748	16720	24	1939	7300	15100	453
2010	453	21730	19	3526	9000	18100	576
2011	576	21760	3	4569	8800	17200	570
2012	570	22230	10	4800	8900	17400	610
2013	651	24190	10	3900	19500	10500	1451
2014	1416	24170	29	1136	12500	13900	2179
2015	2179	21800	250	550	13050	14750	2179

资料来源：美国农业部。

5. 印度大豆供求平衡表

附表 1-15　印度大豆供求平衡表

单位：千公吨

年份	期初库存	产量	进口量	口粮消费量	国内总消费量	期末库存
2000	159	5250	60	200	5215	134
2001	134	5400	1	202	5377	156
2002	156	4000	5	200	4025	126
2003	126	6800	239	221	6341	346
2004	346	5850	6	224	5314	876
2005	876	7000	6	255	7795	75
2006	75	7690	1	336	7546	218
2007	218	9470	12	380	9530	146
2008	146	9100	55	458	8533	658
2009	658	9700	10	475	8775	1573
2010	1573	9800	18	500	10850	505
2011	505	11000	39	550	11150	316
2012	316	11500	75	600	11350	391
2013	218	11000	0	150	10475	593
2014	719	8711	11	234	8410	797
2015	797	7125	55	234	7696	146

资料来源：美国农业部。

（三）俄罗斯粮食供求平衡表

1. 俄罗斯谷物供求平衡表

附表 1-16　俄罗斯谷物供求平衡表

单位：千公吨

年份	期初库存	产量	进口量	出口量	国内总消费量	饲料粮消费量	期末库存
2000	2416	62973	2611	1280	62407	27225	4313
2001	4313	82547	1777	6978	66808	30650	14851
2002	14851	84258	1784	16081	68873	33300	15939
2003	15939	64687	2328	5633	69439	34025	7882
2004	7882	75207	2252	9095	67283	32450	8963
2005	8963	75460	2223	12463	66680	32400	7503
2006	7503	75455	1535	12456	65488	32700	6549

续表

年份	期初库存	产量	进口量	出口量	国内总消费量	饲料粮消费量	期末库存
2007	6549	78999	1221	13462	67275	33907	6032
2008	6032	105126	540	23276	72551	38400	15871
2009	15871	94203	444	21809	70710	37065	17999
2010	17999	58614	951	4451	57411	26455	15702
2011	15702	90003	1175	27764	66378	33600	12738
2012	12738	67062	1750	15724	59404	28300	6422
2013	6422	88434	1264	25534	63239	31300	7347
2014	7029	100148	647	31635	67369	33875	8820
2015	8820	99193	1131	34441	67580	34445	7123

资料来源：美国农业部。

2. 俄罗斯稻谷供求平衡表

附表1-17 俄罗斯稻谷供求平衡表

单位：千公吨

年份	期初库存	产量	进口量	出口量	国内总消费量	期末库存
2000	328	381	247	10	650	296
2001	296	323	406	6	680	339
2002	339	314	385	20	710	308
2003	308	293	350	45	715	191
2004	191	306	350	10	720	117
2005	117	372	358	18	725	104
2006	104	445	221	12	689	69
2007	69	460	237	21	676	69
2008	69	480	230	90	640	49
2009	49	590	240	154	670	55
2010	55	690	188	162	680	91
2011	91	686	214	314	650	27
2012	27	684	240	140	720	91
2013	91	608	250	140	720	89
2014	84	682	228	163	730	101
2015	101	722	200	190	740	93

资料来源：美国农业部。

3. 俄罗斯小麦供求平衡表

附表 1-18　俄罗斯小麦供求平衡表

单位：千公吨

年份	期初库存	产量	进口量	出口量	饲料粮及残渣	国内总消费量	期末库存
2000	1257	34455	1604	696	11500	35158	1462
2001	1462	46982	629	4372	13000	37078	7623
2002	7623	50609	1045	12621	15000	38320	8336
2003	8336	34070	1026	3114	12500	35500	4818
2004	4818	45434	1225	7951	13600	37400	6126
2005	6126	47615	1321	10664	14900	38400	5998
2006	5998	44927	928	10790	14100	36400	4663
2007	4663	49368	440	12220	15332	37982	4269
2008	4269	63765	203	18393	16200	38900	10944
2009	10944	61770	164	18556	16800	39600	14722
2010	14722	41508	89	3983	16000	38600	13736
2011	13736	56240	550	21627	15500	38000	10899
2012	10899	37720	1172	11289	11900	33550	4952
2013	4952	52091	800	18534	12500	34000	5309
2014	5177	59080	328	22800	13000	35500	6285
2015	6285	61044	815	25543	14000	37000	5601

资料来源：美国农业部。

4. 俄罗斯玉米供求平衡表

附表 1-19　俄罗斯玉米供求平衡表

单位：千公吨

年份	期初库存	产量	进口量	出口量	国内总消费量	饲料粮及残渣	期末库存
2000	160	1489	150	1	1700	1300	98
2001	98	808	534	0	1350	950	90
2002	90	1499	99	12	1600	1200	76
2003	76	2031	496	0	2550	2150	53
2004	53	3373	226	44	3500	3000	108
2005	108	3060	306	53	3300	2800	121
2006	121	3510	108	77	3600	3100	62
2007	62	3798	341	49	4100	3500	52

续表

年份	期初库存	产量	进口量	出口量	国内总消费量	饲料粮及残渣	期末库存
2008	52	6682	51	1331	5200	4500	254
2009	254	3963	32	427	3700	3200	122
2010	122	3075	112	37	3200	2800	72
2011	72	6962	43	2027	4700	4000	350
2012	350	8213	51	1917	6400	5600	297
2013	297	11635	50	4100	7500	6600	382
2014	290	11325	46	3213	8100	7200	348
2015	290	13168	50	4400	8900	8000	266

资料来源：美国农业部。

5. 俄罗斯大豆供求平衡表

附表 1-20 俄罗斯大豆供求平衡表

单位：千公吨

年份	期初库存	产量	进口量	出口量	国内总消费量	期末库存
2000	35	342	22	12	367	20
2001	20	350	64	0	415	19
2002	19	423	15	1	452	4
2003	4	393	1	1	390	7
2004	7	555	40	9	564	29
2005	29	689	2	3	695	22
2006	22	807	34	16	825	22
2007	22	652	442	5	1071	40
2008	40	744	837	2	1527	92
2009	92	942	1037	0	1980	91
2010	91	1222	1000	1	2200	112
2011	112	1749	741	90	2445	67
2012	67	1880	691	97	2496	45
2013	45	1636	1500	30	3020	131
2014	83	2362	1986	312	4010	109
2015	109	2362	2336	456	4550	146

资料来源：美国农业部。

（四）阿根廷粮食供求平衡表

1. 阿根廷谷物供求平衡表

附表 1-21　阿根廷谷物供求平衡表

单位：千公吨

年份	期初库存	产量	进口量	出口量	国内总消费量	饲料粮消费量	期末库存
2000	2778	36454	43	22048	14806	7071	2421
2001	2421	34909	20	21800	13129	5544	2421
2002	2421	32607	25	18932	13077	5192	3044
2003	3044	34343	100	21087	13132	5148	3268
2004	3268	42496	24	27466	14755	6570	3567
2005	3567	33912	14	20135	14871	6836	2487
2006	2487	44085	20	28098	15369	6784	3125
2007	3125	46528	40	28584	15342	6432	5767
2008	5767	31501	40	19808	14423	5813	3077
2009	3077	42937	17	24345	16149	6954	5537
2010	5537	51576	21	29866	17333	7838	9935
2011	9935	46613	17	37378	16850	6950	2337
2012	2337	47456	20	28480	18360	7690	2973
2013	2996	45992	20	21805	19780	8635	7423
2014	5981	50676	43	27061	21082	9372	8557
2015	8557	50149	15	33765	20841	9561	4115

资料来源：美国农业部。

2. 阿根廷稻谷供求平衡表

附表 1-22　阿根廷稻谷供求平衡表

单位：千公吨

年份	期初库存	产量	进口量	出口量	国内总消费量	期末库存
2000	244	567	13	381	325	118
2001	118	463	5	134	325	127
2002	127	467	14	193	325	90
2003	90	742	16	294	350	204
2004	204	683	10	325	375	197
2005	197	764	8	485	325	159
2006	159	691	7	452	325	80

续表

年份	期初库存	产量	进口量	出口量	国内总消费量	期末库存
2007	80	810	9	443	325	131
2008	131	867	6	554	330	120
2009	120	706	7	488	270	75
2010	75	1118	2	700	350	145
2011	145	1008	5	593	390	175
2012	175	910	5	525	410	155
2013	227	1027	5	600	435	224
2014	322	1014	5	312	500	529
2015	529	910	5	560	520	364

资料来源：美国农业部。

3. 阿根廷小麦供求平衡表

附表1-23　阿根廷小麦供求平衡表

单位：千公吨

年份	期初库存	产量	进口量	出口量	饲料粮及残渣	国内总消费量	期末库存
2000	515	16300	7	11325	100	5100	397
2001	397	15700	12	10284	100	5150	675
2002	675	12700	7	6798	100	5300	1284
2003	1284	15100	37	9466	100	5350	1605
2004	1605	16900	2	11898	100	5350	1259
2005	1259	13800	3	9635	25	5075	352
2006	352	16300	6	10721	100	5350	587
2007	587	18600	23	11208	100	5650	2352
2008	2352	11000	26	6794	25	5325	1259
2009	1259	12000	3	5099	25	5825	2338
2010	2338	17200	13	9495	100	5950	4106
2011	4106	15500	5	12926	100	5950	735
2012	735	9500	5	3550	200	6100	590
2013	286	10500	5	2200	100	6050	2541
2014	2490	13930	35	5301	300	6350	4804
2015	4804	11300	5	9100	200	5900	4804

资料来源：美国农业部。

4. 阿根廷玉米供求平衡表

附表 1-24　阿根廷玉米供求平衡表

单位：千公吨

年份	期初库存	产量	进口量	出口量	饲料粮及残渣	国内总消费量	期末库存
2000	761	15359	23	9676	3900	5600	867
2001	867	14712	2	10864	2650	4150	567
2002	567	15500	3	11199	2500	4100	771
2003	771	14951	35	10944	2800	4400	413
2004	413	20483	10	14574	3500	5200	1132
2005	1132	15800	2	9464	4400	6200	1270
2006	1270	22500	4	15309	4800	6700	1765
2007	1765	22017	6	14798	4900	6800	2190
2008	2190	15500	4	10324	4500	6400	970
2009	970	25000	7	16504	5000	6900	2573
2010	2573	25200	6	16349	5300	7300	4130
2011	4130	21000	7	17146	4800	7000	991
2012	991	26500	10	19000	5000	7600	901
2013	1315	25000	10	15000	8500	5600	2825
2014	1408	28700	3	18963	6000	9300	1848
2015	1848	29000	5	20500	6000	9300	1053

资料来源：美国农业部。

5. 阿根廷大豆供求平衡表

附表 1-25　阿根廷大豆供求平衡表

单位：千公吨

年份	期初库存	产量	进口量	出口量	国内总消费量	期末库存
2000	7052	27800	320	7304	18331	9537
2001	9537	30000	251	5960	22012	11816
2002	11816	35500	383	8624	24813	14262
2003	14262	33000	537	6741	26443	14615
2004	14615	39000	692	9568	28763	15976
2005	15976	40500	584	7249	33338	16473
2006	16473	48800	1986	9560	35093	22606
2007	22606	46200	2954	13839	36161	21760

年份	期初库存	产量	进口量	出口量	国内总消费量	期末库存
2008	21760	32000	1241	5590	32823	16588
2009	16588	54500	1	13088	35724	22277
2010	22277	49000	13	9205	39213	22872
2011	22872	40100	0	7368	37504	18100
2012	18100	49300	2	7850	35202	24350
2013	22402	54000	2	8500	38225	29679
2014	25271	61400	2	10573	44184	31916
2015	31916	56800	675	9920	47621	31850

资料来源：美国农业部。

（五）澳大利亚粮食供求平衡表

1. 澳大利亚谷物供求平衡表

附表1-26　澳大利亚谷物供求平衡表

单位：千公吨

年份	期初库存	产量	进口量	出口量	国内总消费量	饲料粮及残渣	期末库存
2000	5365	33433	140	21274	10531	6215	7133
2001	7133	37454	185	22025	12017	7605	10730
2002	10730	17123	382	11494	11776	7381	4965
2003	4965	41387	163	25418	13019	8660	8078
2004	8078	33557	207	19409	13176	8690	9257
2005	9257	39416	177	21924	14240	9665	12686
2006	12686	17523	322	10865	14070	9290	5596
2007	5596	26476	330	11967	13974	9165	6461
2008	6461	33759	330	19170	14947	9950	6433
2009	6433	32911	349	19318	12538	7399	7837
2010	7837	39416	279	24760	13020	7820	9752
2011	9752	42824	257	32039	12769	7555	8025
2012	8025	32973	260	24700	12024	6705	4534
2013	5733	39983	300	26575	12812	7435	6629
2014	5831	37012	314	24072	12498	7059	6587
2015	6587	37117	320	22774	13440	7987	7810

资料来源：美国农业部。

2．澳大利亚稻谷供求平衡表

附表 1-27　澳大利亚稻谷供求平衡表

单位：千公吨

年份	期初库存	产量	进口量	出口量	国内总消费量	期末库存
2000	85	1175	68	617	356	355
2001	355	888	65	247	360	701
2002	701	313	88	150	370	582
2003	582	395	88	175	380	510
2004	510	243	106	80	348	431
2005	431	716	94	326	400	515
2006	515	118	198	166	435	230
2007	230	13	188	36	343	52
2008	52	44	215	15	270	26
2009	26	142	228	59	291	46
2010	46	521	157	389	308	27
2011	27	662	133	457	325	40
2012	40	835	140	500	395	120
2013	231	600	150	500	350	131
2014	241	497	155	308	362	223
2015	241	180	170	150	350	73

资料来源：美国农业部。

3．澳大利亚小麦供求平衡表

附表 1-28　澳大利亚小麦供求平衡表

单位：千公吨

年份	期初库存	产量	进口量	出口量	饲料粮及残渣	国内总消费量	期末库存
2000	4585	22108	72	15930	2600	5328	5507
2001	5507	24299	72	16409	2700	5427	8042
2002	8042	10132	282	9146	3400	6125	3185
2003	3185	26132	75	18031	3200	5950	5411
2004	5411	21905	78	14722	3200	6000	6672
2005	6672	25173	82	16012	3700	6550	9365
2006	9365	10822	94	8728	4500	7400	4153
2007	4153	13569	116	7487	3500	6615	3736

续表

年份	期初库存	产量	进口量	出口量	饲料粮及残渣	国内总消费量	期末库存
2008	3736	21420	115	14747	4150	7415	3109
2009	3109	21834	121	14827	1900	5170	5067
2010	5067	27410	121	18600	2500	5815	8183
2011	8183	29905	123	24661	3200	6505	7045
2012	7045	22079	120	19000	3200	6540	3704
2013	4654	27013	150	19000	3600	6950	5867
2014	4558	23910	159	16590	3800	7200	4837
2015	4837	24500	150	16124	3800	7225	6138

资料来源：美国农业部。

4. 澳大利亚玉米供求平衡表

附表 1-29 澳大利亚玉米供求平衡表

单位：千公吨

年份	期初库存	产量	进口量	出口量	饲料粮及残渣	国内总消费量	期末库存
2000	3	345	0	44	200	300	4
2001	4	457	48	118	290	390	1
2002	1	316	0	18	190	290	9
2003	9	392	0	9	270	380	12
2004	12	312	22	4	225	335	7
2005	7	380	0	3	260	370	14
2006	14	240	24	1	150	265	12
2007	12	387	26	67	200	320	38
2008	38	375	0	13	225	350	50
2009	50	328	0	9	200	325	44
2010	44	357	1	46	200	325	31
2011	31	451	1	106	225	350	27
2012	27	445	0	100	225	350	22
2013	54	335	0	25	200	325	39
2014	62	495	0	64	300	425	68
2015	68	439	0	75	250	375	57

资料来源：美国农业部。

5. 澳大利亚大豆供求平衡表

附表 1－30　澳大利亚大豆供求平衡表

单位：千公吨

年份	期初库存	产量	进口量	出口量	国内总消费量	期末库存
2000	24	49	0	11	50	12
2001	12	63	18	6	68	19
2002	19	18	65	8	65	29
2003	29	74	9	3	64	45
2004	45	54	1	5	60	35
2005	35	56	1	3	59	30
2006	30	32	11	3	58	12
2007	12	35	1	2	43	3
2008	3	80	1	7	68	9
2009	9	60	1	2	67	1
2010	1	30	1	2	29	1
2011	1	86	1	2	83	3
2012	3	92	1	9	82	5
2013	5	63	1	8	60	1
2014	2	6	32	5	31	4
2015	4	7	26	4	30	3

资料来源：美国农业部。

（六）巴西粮食供求平衡表

1. 巴西谷物供求平衡表

附表 1－31　巴西谷物供求平衡表

单位：千公吨

年份	期初库存	产量	进口量	出口量	国内总消费量	饲料粮及残渣	期末库存
2000	4379	51426	8446	6370	53727	30825	4154
2001	4154	47239	7860	2096	54303	30750	2854
2002	2854	55811	9163	4714	55315	31240	7799
2003	7799	59149	6771	6271	57094	32315	10354
2004	10354	52671	6475	1005	60754	34850	7741
2005	7741	56827	8720	5605	61496	35565	6187
2006	6187	63145	10404	11199	62012	36485	6525
2007	6525	72544	8164	9261	63255	37625	14717

续表

年份	期初库存	产量	进口量	出口量	国内总消费量	饲料粮及残渣	期末库存
2008	14717	67936	8683	8117	67291	40710	15928
2009	15928	71137	8587	13267	68991	42235	13394
2010	13394	75580	8442	12429	71733	45255	13254
2011	13254	89572	9162	27329	72866	46035	11793
2012	11793	96137	9163	24314	74838	47535	17941
2013	16088	96013	8905	22515	77678	49175	20813
2014	16785	85000	6582	37129	57000	50545	9724
2015	9724	67000	10356	18194	55300	49140	7469

资料来源：美国农业部。

2. 巴西稻谷供求平衡表

附表 1-32　巴西稻谷供求平衡表

单位：千公吨

年份	期初库存	产量	进口量	出口量	国内总消费量	期末库存
2000	1318	6933	663	22	8025	867
2001	867	7067	579	25	8050	438
2002	438	7050	1226	19	8150	545
2003	545	8709	881	79	8700	1356
2004	1356	8996	510	282	9000	1580
2005	1580	7874	750	274	8800	1130
2006	1130	7695	732	242	8400	915
2007	915	8199	422	550	8350	636
2008	636	8570	675	569	8400	912
2009	912	7929	688	502	8477	550
2010	550	9300	632	1479	8200	803
2011	803	7888	730	953	7928	540
2012	540	7990	700	700	7850	680
2013	528	8300	700	900	7900	728
2014	639	8465	393	931	7925	641
2015	641	7210	800	600	7800	251

资料来源：美国农业部。

3. 巴西小麦供求平衡表

附表 1-33 巴西小麦供求平衡表

单位：千公吨

年份	期初库存	产量	进口量	出口量	饲料粮及残渣	国内总消费量	期末库存
2000	1300	1660	7189	3	200	9600	546
2001	546	3250	6747	5	200	9700	838
2002	838	2925	6973	5	250	9850	881
2003	881	5851	5359	1378	200	9900	813
2004	813	5845	5238	15	300	10200	1681
2005	1681	4873	6609	807	450	10450	1906
2006	1906	2234	8014	4	200	10300	1850
2007	1850	3825	6773	770	100	10300	1378
2008	1378	5880	6411	403	200	10700	2566
2009	2566	5026	7157	1162	400	11000	2587
2010	2587	5900	6694	2535	200	10800	1846
2011	1846	5800	7338	2036	500	11200	1748
2012	1748	4380	7358	1584	200	10900	1002
2013	1001	5300	7000	100	600	11400	1801
2014	1887	6000	5374	6751	300	10700	870
2015	870	5540	6751	1059	500	10500	1602

资料来源：美国农业部。

4. 巴西玉米供求平衡表

附表 1-34 巴西玉米供求平衡表

单位：千公吨

年份	期初库存	产量	进口量	出口量	饲料粮及残渣	国内总消费量	期末库存
2000	1667	41536	244	6261	29500	34500	2686
2001	2686	35501	367	2054	29500	35000	1500
2002	1500	44500	683	4625	30000	35800	6258
2003	6258	42000	361	4441	30500	36300	7878
2004	7878	35000	496	682	32100	38500	4192
2005	4192	41700	1147	4524	33000	39500	3015
2006	3015	51000	1413	10836	34500	41000	3592
2007	3592	58600	678	7791	36000	42500	12579

续表

年份	期初库存	产量	进口量	出口量	饲料粮及残渣	国内总消费量	期末库存
2008	12579	51000	1141	7136	38500	45500	12084
2009	12084	56100	404	11599	40000	47000	9989
2010	9989	57400	791	8404	42500	49500	10276
2011	10276	73000	771	24337	43000	50500	9210
2012	9210	81000	800	22000	45000	53000	16010
2013	14150	79300	800	21500	46000	55000	17750
2014	13972	85000	331	34461	48000	57000	7842
2015	7842	67000	2300	16500	46800	55300	5342

资料来源：美国农业部。

5. 巴西大豆供求平衡表

附表 1-35　巴西大豆供求平衡表

单位：千公吨

年份	期初库存	产量	进口量	出口量	国内总消费量	期末库存
2000	9418	39500	733	15469	24734	9448
2001	9448	43500	1112	14504	26963	12593
2002	12593	52000	1321	19629	29568	16717
2003	16717	51000	328	20417	31472	16156
2004	16156	53000	475	20137	31992	17502
2005	17502	57000	63	25911	30986	17668
2006	17668	59000	53	23485	33859	19377
2007	19377	61000	150	25364	34917	20246
2008	20246	57800	44	29987	34669	13434
2009	13434	69000	174	28578	36550	17480
2010	17480	75300	37	29951	39230	23636
2011	23636	66500	128	36315	41033	12916
2012	12916	82000	395	41904	37650	15757
2013	15330	86700	600	46829	39000	16801
2014	16020	97200	305	50612	43410	19503
2015	19503	96500	410	54383	43401	19503

资料来源：美国农业部。

（七）欧盟 28 国粮食供求平衡表

1. 欧盟 28 国谷物供求平衡表

附表 1-36 欧盟 28 国谷物供求平衡表

单位：千公吨

年份	期初库存	产量	进口量	出口量	国内消费量	饲料粮及残渣	期末库存
2000	40987	276667	8953	25116	263733	164108	37758
2001	37758	278654	13862	19907	267923	166885	42444
2002	42444	286323	16027	26040	275899	171866	42855
2003	42855	247214	16739	14118	266127	164393	26563
2004	26563	318720	11126	19650	281736	178198	55023
2005	55023	284050	10548	20133	281531	175396	47957
2006	47957	267487	14569	18610	279877	173127	31526
2007	31526	261399	28657	17041	277554	174061	26987
2008	26987	318616	12177	31203	284894	176641	41683
2009	41683	299443	9542	25548	281184	172306	43936
2010	43936	281668	14523	29535	280751	169393	29841
2011	29841	290393	15591	23404	281701	170612	30720
2012	30720	281492	18250	30085	276435	164875	23942
2013	24727	303505	21650	40753	282570	169875	26559
2014	26666	329739	16655	49683	290582	176375	32795
2015	32795	313883	22586	47914	291488	177270	29862

资料来源：美国农业部。

2. 欧盟 28 国稻谷供求平衡表

附表 1-37 欧盟 28 国稻谷供求平衡表

单位：千公吨

年份	期初库存	产量	进口量	出口量	国内总消费量	期末库存
2000	888	1584	1310	286	2608	888
2001	888	1639	1254	336	2567	878
2002	878	1741	1288	250	2697	960
2003	960	1741	1125	225	2627	974
2004	974	1880	1095	175	2636	1138
2005	1138	1731	1124	161	2651	1181
2006	1181	1817	1340	148	3052	1138

续表

年份	期初库存	产量	进口量	出口量	国内总消费量	期末库存
2007	1138	1906	1568	152	3334	1126
2008	1126	1773	1339	140	3075	1023
2009	1023	2176	1317	244	3150	1122
2010	1122	2172	1391	259	3250	1176
2011	1176	2105	1295	212	3135	1229
2012	1229	2101	1200	200	3140	1190
2013	1159	1944	1350	200	3225	1028
2014	1163	1963	1706	272	3350	1210
2015	1210	2055	1801	272	3500	1294

资料来源：美国农业部。

3. 欧盟 28 国小麦供求平衡表

附表 1-38　欧盟 28 国小麦供求平衡表

单位：千公吨

年份	期初库存	产量	进口量	出口量	饲料粮及残渣	国内总消费量	期末库存
2000	16652	132729	3530	15716	56546	119273	17922
2001	17922	124153	8715	13003	56540	119115	18672
2002	18672	133522	10559	18226	60044	125704	18823
2003	18823	111418	7401	9867	52452	115752	12023
2004	12023	147726	7073	14656	59250	123900	28266
2005	28266	132856	6758	15661	63015	128190	24029
2006	24029	125670	5179	13946	60232	126182	14750
2007	14750	120833	6758	12387	52426	117151	12803
2008	12803	151922	7708	25410	60527	127627	19396
2009	19396	139720	5358	22279	57522	125622	16573
2010	16573	136667	4623	23086	52519	122844	11933
2011	11933	138411	7368	16691	57500	127234	13787
2012	13787	133581	5264	22621	50500	120000	10011
2013	10716	143134	3982	31925	48000	115750	10157
2014	9938	156922	5975	35418	55000	124677	12740
2015	12740	160012	6916	34677	61000	130984	14007

资料来源：美国农业部。

4. 欧盟28国玉米供求平衡表

附表1-39　欧盟28国玉米供求平衡表

单位：千公吨

年份	期初库存	产量	进口量	出口量	饲料粮及残渣	国内总消费量	期末库存
2000	5120	51939	3720	456	44838	57088	3235
2001	3235	60132	2187	1196	47558	60438	3920
2002	3920	60060	2626	767	47209	59826	6013
2003	6013	49995	5876	348	45664	58014	3522
2004	3522	68671	2434	681	52750	65500	8446
2005	8446	63168	2525	458	49200	63800	9881
2006	9881	55629	7123	604	51100	64300	7729
2007	7729	49355	14051	508	52800	65900	4727
2008	4727	64821	2457	1873	48900	63600	6532
2009	6532	59147	2758	1569	46500	61300	5568
2010	5568	58265	7385	1096	49900	64900	5222
2011	5222	68118	6113	3287	54000	69500	6666
2012	6666	58855	11300	2100	53000	69300	5421
2013	5090	64190	16000	2400	57500	76000	6880
2014	6891	75840	8646	4026	59500	77880	9471
2015	9471	58481	13400	4026	54700	72714	6838

资料来源：美国农业部。

5. 欧盟28国大豆供求平衡表

附表1-40　欧盟28国大豆供求平衡表

单位：千公吨

年份	期初库存	产量	进口量	出口量	口粮消费量	国内总消费量	期末库存
2000	667	1323	17675	22	112	18684	959
2001	959	1467	18783	41	114	20094	1074
2002	1074	1122	17023	24	108	18319	876
2003	876	908	14751	40	113	15589	906
2004	906	1166	14591	44	113	15862	757
2005	757	1294	14014	78	116	15254	733
2006	733	1402	15181	60	117	16249	1007
2007	1007	814	15139	44	112	16209	707

续表

年份	期初库存	产量	进口量	出口量	口粮消费量	国内总消费量	期末库存
2008	707	747	13213	36	111	14177	454
2009	454	951	12683	60	123	13487	541
2010	541	1198	12472	95	117	13580	536
2011	536	1220	12070	55	120	13234	537
2012	537	998	12450	95	120	13690	200
2013	246	1229	12650	60	120	13430	635
2014	623	1831	13421	116	170	15070	689
2015	689	2256	14600	150	180	16380	1015

资料来源：美国农业部。

（八）越南粮食供求平衡表

1. 越南谷物供求平衡表

附表1-41　越南谷物供求平衡表

单位：千公吨

年份	期初库存	产量	进口量	出口量	国内总消费量	饲料粮及残渣	期末库存
2000	925	22478	740	3626	19489	1587	1028
2001	1028	23148	1078	3262	21033	2067	959
2002	959	23840	1226	3796	20972	2525	1257
2003	1257	24882	1334	4338	21755	2475	1380
2004	1380	26473	1752	5215	22545	3450	1845
2005	1845	26590	2011	4831	23542	3550	2073
2006	2073	27173	2392	4619	24800	4175	2219
2007	2219	28975	1866	4753	25725	4500	2582
2008	2582	28825	2616	6050	25450	4500	2523
2009	2523	29623	3822	6836	26900	5850	2232
2010	2232	31019	4259	7117	27450	5650	2943
2011	2943	31800	3911	7881	28200	6100	2573
2012	2573	32338	3471	6869	30150	5650	1363
2013	1363	33196	4623	6872	30100	5850	2210
2014	2033	33354	7646	7332	33550	8700	2151
2015	2151	32739	11319	6150	36475	11500	3584

资料来源：美国农业部。

2．越南稻谷供求平衡表

附表 1－42　越南稻谷供求平衡表

单位：千公吨

年份	期初库存	产量	进口量	出口量	国内总消费量	期末库存
2000	925	20473	40	3528	16932	978
2001	978	21036	40	3245	17966	843
2002	843	21527	40	3795	17447	1168
2003	1168	22082	300	4295	18230	1025
2004	1025	22716	320	5174	17595	1292
2005	1292	22772	350	4705	18392	1317
2006	1317	22922	450	4522	18775	1392
2007	1392	24375	300	4649	19400	2018
2008	2018	24393	500	5950	19000	1961
2009	1961	24993	400	6734	19150	1470
2010	1470	26371	500	7000	19400	1941
2011	1941	27152	100	7717	19650	1826
2012	1826	27700	100	7400	20100	1801
2013	1801	27670	100	7800	20500	1270
2014	1299	28166	400	6606	22000	1259
2015	1259	27458	300	6606	22000	1617

资料来源：美国农业部。

3．越南小麦供求平衡表

附表 1－43　越南小麦供求平衡表

单位：千公吨

年份	期初库存	进口量	出口量	饲料粮及残渣	国内总消费量	期末库存
2000	0	650	0	50	600	50
2001	50	916	0	300	850	116
2002	116	875	0	375	925	66
2003	66	830	0	275	875	21
2004	21	1226	0	350	1050	197
2005	197	1186	125	150	900	358
2006	358	1292	96	325	1125	429
2007	429	1066	103	300	1125	267

续表

年份	期初库存	进口量	出口量	饲料粮及残渣	国内总消费量	期末库存
2008	267	1016	90	200	1050	143
2009	143	1927	102	750	1650	318
2010	318	2460	117	850	2150	511
2011	511	2711	159	1100	2550	513
2012	513	1671	160	250	1850	203
2013	203	1900	160	350	1850	93
2014	368	2296	226	600	2150	288
2015	288	3069	250	900	2475	632

资料来源：美国农业部。

4. 越南玉米供求平衡表

附表1-44 越南玉米供求平衡表

单位：千公吨

年份	期初库存	产量	进口量	出口量	饲料粮及残渣	国内总消费量	期末库存
2000	0	2005	50	98	1537	1957	0
2001	0	2112	122	17	1767	2217	0
2002	0	2313	311	1	2150	2600	23
2003	23	2800	204	43	2200	2650	334
2004	334	3757	206	41	3100	3900	356
2005	356	3818	475	1	3400	4250	398
2006	398	4251	650	1	3850	4900	398
2007	398	4600	500	1	4200	5200	297
2008	297	4432	1100	10	4300	5400	419
2009	419	4630	1500	0	5100	6100	449
2010	449	4648	1300	0	4800	5900	497
2011	497	4648	1100	5	5000	6000	240
2012	240	4803	1700	5	5400	6500	236
2013	236	5196	2200	200	5500	6700	732
2014	366	5188	4950	500	8100	9400	604
2015	604	5281	7950	500	10600	12000	604

资料来源：美国农业部。

5．越南大豆供求平衡表

附表 1－45　越南大豆供求平衡表

单位：千公吨

年份	期初库存	产量	进口量	出口量	口粮消费量	国内总消费量	期末库存
2000	0	149	32	2	179	179	0
2001	0	174	27	4	197	197	0
2002	0	206	34	5	235	235	0
2003	0	220	39	0	259	259	0
2004	0	246	6	0	252	252	0
2005	0	292	46	0	318	318	20
2006	20	258	74	0	329	329	23
2007	23	276	120	0	414	414	5
2008	5	269	184	0	445	445	13
2009	13	214	231	7	432	432	19
2010	19	254	932	0	1021	1021	184
2011	184	175	1290	0	1507	1507	142
2012	142	168	1291	1	1435	1435	165
2013	165	176	1400	0	1585	1585	156
2014	83	146	1707	0	360	1630	306
2015	306	161	1350	0	380	1530	306

资料来源：美国农业部。

（九）泰国粮食供求平衡表

1．泰国谷物供求平衡表

附表 1－46　泰国谷物供求平衡表

单位：千公吨

年份	期初库存	产量	进口量	出口量	国内总消费量	饲料粮及残渣	期末库存
2000	2401	21905	1063	7888	14544	4705	2937
2001	2937	22143	987	7624	14724	4724	3719
2002	3719	21580	1022	7945	14470	4365	3906
2003	3906	22207	1166	10897	14050	3790	2332
2004	2332	21630	1207	7820	14230	3900	3119
2005	3119	22277	1315	7599	14664	4240	4448
2006	4448	22103	1304	10034	14515	3825	3306

续表

年份	期初库存	产量	进口量	出口量	国内总消费量	饲料粮及残渣	期末库存
2007	3306	23707	1337	10663	14405	3875	3282
2008	3282	24405	2331	9373	14365	3940	6280
2009	6280	24414	2414	10468	15385	4230	7255
2010	7255	24516	2743	11110	16245	4940	7159
2011	7159	24814	3646	7437	17275	5850	10907
2012	10907	24855	2845	6999	17350	5645	14258
2013	14258	25415	2593	10823	17540	5490	13903
2014	12696	23605	4388	10305	18603	6898	11781
2015	11781	20555	5714	9807	19210	8145	9033

资料来源：美国农业部。

2．泰国稻谷供求平衡表

附表 1－47　泰国稻谷供求平衡表

单位：千公吨

年份	期初库存	产量	进口量	出口量	国内总消费量	期末库存
2000	1961	17057	0	7521	9250	2247
2001	2247	17499	15	7245	9400	3116
2002	3116	17198	0	7552	9460	3302
2003	3302	18011	0	10137	9470	1706
2004	1706	17360	0	7274	9480	2312
2005	2312	18200	2	7376	9544	3594
2006	3594	18250	3	9557	9780	2510
2007	2510	19800	8	10011	9600	2707
2008	2707	19850	300	8570	9500	4787
2009	4787	20260	300	9047	10200	6100
2010	6100	20262	200	10647	10300	5615
2011	5615	20460	600	6945	10400	9330
2012	9330	20200	600	6722	10600	12808
2013	12808	20460	300	9500	10875	13193
2014	11999	18750	300	9779	10500	10770
2015	10770	15800	300	9200	9800	7870

资料来源：美国农业部。

3. 泰国小麦供求平衡表

附表 1－48　泰国小麦供求平衡表

单位：千公吨

年份	期初库存	进口量	出口量	饲料粮及残渣	国内总消费量	期末库存
2000	200	941	68	310	789	284
2001	284	967	78	330	820	353
2002	353	895	78	275	810	360
2003	360	1139	81	270	950	468
2004	468	1081	83	260	1000	466
2005	466	1192	93	280	1050	515
2006	515	1201	112	300	1100	504
2007	504	1079	140	150	970	473
2008	473	1131	147	200	1020	437
2009	437	1614	154	400	1250	647
2010	647	1943	172	700	1600	818
2011	818	2646	185	1300	2220	1059
2012	1059	1845	202	900	1900	802
2013	802	1693	214	650	1720	561
2014	547	3488	219	1850	2950	866
2015	866	4814	235	3300	4460	985

资料来源：美国农业部。

4. 泰国玉米供求平衡表

附表 1－49　泰国玉米供求平衡表

单位：千公吨

年份	期初库存	产量	进口量	出口量	饲料粮及残渣	国内总消费量	期末库存
2000	240	4700	122	288	4275	4375	399
2001	399	4500	5	285	4275	4375	244
2002	244	4250	126	284	4000	4100	236
2003	236	4100	26	658	3450	3550	154
2004	154	4210	126	459	3600	3700	331
2005	331	4000	121	117	3900	4000	335
2006	335	3800	100	349	3500	3600	286
2007	286	3850	250	488	3700	3800	98

续表

年份	期初库存	产量	进口量	出口量	饲料粮及残渣	国内总消费量	期末库存
2008	98	4500	900	647	3700	3800	1051
2009	1051	4100	500	1246	3800	3900	505
2010	505	4200	600	283	4200	4300	722
2011	722	4300	400	307	4500	4600	515
2012	515	4600	400	72	4700	4800	643
2013	643	4900	600	1099	4800	4900	144
2014	144	4800	600	305	5000	5100	139
2015	139	4700	600	367	4800	4900	172

资料来源：美国农业部。

5. 泰国大豆供求平衡表

附表 1-50　泰国大豆供求平衡表

单位：千公吨

年份	期初库存	产量	进口量	出口量	口粮消费量	国内总消费量	期末库存
2000	37	312	1286	0	118	1571	64
2001	64	270	1550	1	125	1793	90
2002	90	250	1779	1	125	2018	100
2003	100	220	1407	1	170	1637	89
2004	89	217	1517	1	177	1762	60
2005	60	226	1473	1	187	1693	65
2006	65	210	1532	1	210	1742	64
2007	64	210	1753	2	210	1882	143
2008	143	180	1510	1	205	1735	97
2009	97	170	1660	1	215	1880	46
2010	46	180	2139	3	224	2198	164
2011	164	109	1907	2	225	2146	32
2012	32	85	1867	2	230	1885	97
2013	97	70	1930	2	230	2050	45
2014	53	58	2411	13	245	2320	189
2015	189	57	2798	6	255	2936	102

资料来源：美国农业部。

四、世界粮食价格

附表 1-51　世界主要粮食品种价格指数

品种 时间	玉米	稻谷	大豆	小麦
1999 年 12 月	87.22	231.00	169.96	102.16
2000 年 12 月	96.22	183.57	185.96	128.01
2001 年 12 月	92.31	179.38	160.15	122.53
2002 年 12 月	107.01	185.27	208.24	168.98
2003 年 12 月	111.98	197.00	283.21	165.57
2004 年 12 月	95.59	278.43	198.62	153.87
2005 年 12 月	102.66	277.27	216.54	164.44
2006 年 12 月	160.66	309.29	243.31	204.31
2007 年 12 月	180.25	378.00	423.08	368.62
2008 年 12 月	158.16	550.75	318.81	220.14
2009 年 12 月	164.58	606.00	379.30	206.25
2010 年 12 月	250.63	536.78	483.76	306.53
2011 年 12 月	258.44	580.91	420.05	269.03
2012 年 12 月	308.72	565.52	534.79	347.89

资料来源：国际货币基金组织。

附录 2　中国粮食供求资料

一、中国谷物供求平衡表

附表 2-1　中国谷物供求平衡表

单位：千公吨

年份	期初库存	产量	进口量	出口量	国内总消费量	饲料粮及残渣	期末库存
2000	324494	345129	2881	9766	375004	104377	287734
2001	287734	340614	3361	12105	378216	105307	241388

续表

年份	期初库存	产量	进口量	出口量	国内总消费量	饲料粮及残渣	期末库存
2002	241388	343088	2505	19637	377186	104910	190158
2003	190158	322959	6403	11427	374941	105100	133152
2004	133152	355567	9429	9447	373382	104320	115319
2005	115319	371655	4089	6369	376610	107000	108084
2006	108084	394785	2016	9585	382796	108850	112504
2007	112504	398678	1651	5060	391383	114700	116390
2008	116390	419185	2333	1691	399662	117050	136555
2009	136555	421465	5559	1747	414571	129100	147261
2010	147261	435951	4164	1629	433948	141750	151799
2011	151799	456735	12647	1550	458292	156000	161339
2012	161339	476215	11708	1419	478671	171050	169172
2013	169172	489530	22973	1186	494975	182350	185514
2014	201035	493518	32325	1251	490059	174800	235568
2015	235568	507792	25775	1027	494995	177445	273113

资料来源：美国农业部。

二、中国主要粮食品种供求平衡表

（一）中国稻谷供求平衡表

附表2-2　中国稻谷供求平衡表

单位：千公吨

年份	期初库存	产量	国内消费量	进口量	出口量	期末库存
2000	97350	131536	134300	270	1847	93009
2001	93009	124306	136500	304	1963	79156
2002	79156	122180	135700	258	2583	63311
2003	63311	112462	132100	1122	880	43915
2004	43915	125363	130300	609	656	38931
2005	38931	126414	128000	654	1216	36783
2006	36783	127200	127200	472	1340	35915
2007	35915	130224	127450	445	1372	37762
2008	37762	134330	133000	201	747	38546
2009	38546	136570	134320	388	650	40534
2010	40534	137000	135000	540	500	42574
2011	42574	140700	139600	1790	441	45023

年份	期初库存	产量	国内消费量	进口量	出口量	期末库存
2012	45023	143300	144000	3144	341	46826
2013	46826	142530	146300	3900	257	46699
2014	53102	144560	144500	4700	426	57436
2015	57436	145770	144000	4800	271	63735

资料来源：美国农业部。

（二）中国小麦供求平衡表

附表2－3　中国小麦供求平衡表

单位：千公吨

年份	期初库存	产量	国内消费量	进口量	出口量	期末库存
2000	102943	99640	110278	195	623	91877
2001	91877	93873	108742	1092	1512	76588
2002	76588	90290	105200	418	1718	60378
2003	60378	86490	104500	3749	2824	43293
2004	43293	91952	102000	6747	1171	38821
2005	38821	97445	101500	1129	1397	34498
2006	34498	108466	102000	388	2783	38569
2007	38569	109298	106000	49	2835	39081
2008	39081	112464	105500	481	723	45803
2009	45803	115120	107000	1394	892	54425
2010	54425	115180	110500	927	941	59091
2011	59091	117400	122500	2933	978	55946
2012	55946	121023	125000	2960	969	53960
2013	53960	121930	121500	6773	889	60274
2014	65274	126208	116500	1926	803	76105
2015	76105	130190	112000	3476	729	97042

资料来源：美国农业部。

（三）中国玉米供求平衡表

附表2－4　中国玉米供求平衡表

单位：千公吨

年份	期初库存	产量	国内消费量	进口量	出口量	期末库存
2000	123799	106000	120240	89	7276	102372

续表

年份	期初库存	产量	国内消费量	进口量	出口量	期末库存
2001	102372	114088	123100	39	8611	84788
2002	84788	121300	125900	29	15244	64973
2003	64973	115830	128400	2	7553	44852
2004	44852	130290	131000	2	7589	36555
2005	36555	139365	137000	62	3727	35255
2006	35255	151600	145000	16	5269	36602
2007	36602	152300	150000	41	549	38394
2008	38394	165914	153000	47	172	51183
2009	51183	163974	165000	1296	151	51302
2010	51302	177245	180000	979	111	49415
2011	49415	192780	188000	5231	91	59335
2012	59335	205600	207000	2702	81	67570
2013	67570	218490	207000	3400	25	77435
2014	81323	215646	202000	5516	13	9471
2015	100472	224632	217500	3174	4	6838

资料来源：美国农业部。

（四）中国大豆供求平衡表

附表 2-5　中国大豆供求平衡表

单位：千公吨

年份	期初库存	产量	进口量	出口量	口粮消费量	国内总消费量	期末库存
2000	3170	15400	13245	208	6222	26697	4910
2001	4910	15410	10385	300	6500	28310	2095
2002	2095	16510	21417	265	7000	35290	4467
2003	4467	15394	16933	319	7210	34375	2100
2004	2100	17400	25802	390	8000	40212	4700
2005	4700	16350	28317	354	8200	44440	4573
2006	4573	15074	28726	446	8500	46120	1807
2007	1807	13400	37816	453	8600	49818	2472
2008	2752	15540	41098	400	8700	51435	7455
2009	7555	14980	50338	184	8850	59430	13209
2010	13259	15100	52339	190	9100	65950	14538
2011	14558	14480	59231	275	9300	72070	15909
2012	15924	12800	59500	266	9450	76180	12378
2013	12378	12200	69000	240	9600	80100	13238
2014	13848	12154	78350	143	10200	87200	17009
2015	17009	11785	83230	114	10800	95000	16910

资料来源：美国农业部。

参考文献

［1］白美清．中国粮食储备改革与创新（1978～2013）［M］．北京：经济科学出版社，2015．

［2］程国强．发达国家农业补贴政策的启示与借鉴［J］．红旗文稿，2009（15）：22－24．

［3］程国强，朱满德．中国粮食宏观调控的现实状态与政策框架［J］．改革，2013（1）：18－34．

［4］程国强．我国粮价政策改革的逻辑与思路［J］．农业经济问题，2016（2）：4－9．

［5］蔡映灵．农业出口补贴取消的政治经济学分析［D］．厦门大学，2007．

［6］陈亚芸．WTO 框架下国际粮食援助与公平贸易——后多哈时代展望［J］．世界贸易组织动态与研究，2013（4）：81－91．

［7］程杰，鄂德峰．关税配额未完成：理论根源与实证分析［J］．国际贸易问题，2009（7）：27－34．

［8］楚竞男．国际"绿箱"政策比较研究及经验借鉴［D］．首都经济贸易大学，2007．

［9］崔佳．中外食品检验检疫法规及市场准入制度的比较研究［D］．湖北工业大学，2009．

［10］崔建宝．浅析粮食流通"双轨制"对粮食价格的影响［J］．广东科技，2011（18）：86－87．

［11］曹宝明．中国粮食流通市场化改革进程分析［J］．江苏社会科学，2001（4）：23－30．

［12］邓大才．当前粮食政策目标多重性的困惑及取向［J］．学术评论，1999（11）：37－39．

［13］樊琦，祁华清．国内外粮价倒挂下粮食价格调控方式转型研究［J］．宏观经济研究，2015（9）：23－31．

［14］高海萍．入世后我国出口信贷政策演变及效果分析［D］．天津财经大学，2015．

［15］葛声．WTO《农业协定》农业国内支持规则探析［J］．安徽农业科学，2010（8）：4389－4390．

［16］耿仲钟，肖海峰．最低收购价政策与目标价格政策的比较与思考［J］．新疆大学学报（哲学·人文社会科学版），2015（4）：26－30．

［17］郭军，冷博峰．我国农作物良种补贴政策发展现状与存在问题探析［J］．调研世界，2010（6）：39．

［18］何翔．食品安全国家标准体系建设研究［D］．中南大学，2013．

［19］黄季焜，王丹，胡继亮．对实施农产品目标价格政策的思考——基于新疆棉花目标价格改革试点的分析［J］．中国农村经济，2015（5）：10－18．

［20］黄雪琴，王逞见．中国粮食保护价政策的效率分析与政策走向［J］．经济体制改革，2003（2）：72－75．

［21］韩喜平，蔺荔．我国粮食直补政策的经济学分析［J］．农业技术经济，2007（3）：80－84．

［22］高帆．中国经济发展中的粮食增产与农民增收：一致抑或冲突［J］．经济科学，2005（2）：5－17．

［23］国家粮食局．粮食流通基本知识读本［M］．北京：中国物价出版社，2002．

［24］盖尔·约翰逊．经济发展中的农业、农村、农民问题［M］．北京：商务印书馆，2004：120－212．

［25］郭晓鸣．中国粮食安全的远忧与近虑［J］．农村经济，2013（2）：3－6．

［26］姜天龙，郭庆海．农户收入结构支撑下的种粮积极性及可持续性分析——以吉林省为例［J］．农业经济问题，2012（6）：14－20．

［27］贾正东．保护黑土地发展　保护性耕作刻不容缓［J］．农机使用与维修，2016（7）：95－96．

［28］蒋庭松，梁希震，王晓霞，李正波．加入WTO与中国粮食安全［J］．管理世界，2004（3）：82－92．

［29］贾晋，王珏，肖慧琳．中国粮食储备体系优化的理论研究述评［J］．经济学动态，2011（3）：97－100．

［30］柯炳生．市场经济条件下农业政策目标的冲突与协调——兼论粮食生产、价格和农民收入的关系［J］．农业经济问题，1993（2）：40－45．

［31］柯炳生，韩一军．世贸组织中的关税配额问题与中国的对策研究［J］．中国农

村经济，2003（4）：4-11.

[32] 李旻，赵连阁.农业劳动力"女性化"现象及其对农业生产的影响——基于辽宁省的实证分析 [J].中国农村经济，2009（5）：12-18.

[33] 李光泗.市场化、国际化趋势下中国粮食市场调控绩效研究 [M].北京：经济管理出版社，2015.

[34] 李娟，武舜臣.主产区农户粮食供给反应差异研究——基于粮食品种和农户非农收入视角的分类比较 [J].湖南农业大学学报（社会科学版），2016（5）：8-13.

[35] 罗守全.中国粮食流通政策问题研究 [D].首都经济贸易大学，2005.

[36] 卢彦超.对我国粮食流通体制改革历程的简要回顾与思考 [J].河南工业大学学报（社会科学版），2010（2）：1-5.

[37] 刘汝鹏.地方储备粮管理与粮食储备安全问题研究——以山东曹县地方粮食储备库为例 [D].山东农业大学，2014.

[38] 刘颖.基于国际粮荒背景下的中国粮食流通研究 [M].北京：中国农业出版社，2007.

[39] 吕新业，冀县卿.关于中国粮食安全问题的再思考 [J].农业经济问题，2013（9）：15-24.

[40] 陆文聪，李元龙，祁慧博.全球化背景下中国粮食供求区域均衡：对国家粮食安全的启示 [J].农业经济问题，2011（4）：16-25.

[41] 兰录平.我国粮食最低收购价政策的效应和问题及完善建议 [J].农业现代化研究，2013（5）：513-517.

[42] 李莎莎，朱一鸣.我国农资综合补贴政策分析 [J].农业经济，2016（3）：107-108.

[43] 李淑静，贾吉明.多哈回合农业谈判中的特殊保障机制问题探究 [J].世界贸易组织动态与研究，2013（6）：14-21.

[44] 林学贵.美国、欧盟、日本的"绿箱"支持政策及其评价 [J].经济与管理，2013（1）：56-63.

[45] 刘键洋，陶红军，黄巧明.中国农产品贸易政策的研究述评 [J].山东科技大学学报（社会科学版），2013（6）：73-78.

[46] 龙天凤.农机具购置补贴现状及管理建议 [J].湖北农机化，2010（1）：33.

[47] 卢东伟.中国农产品关税减让研究 [D].中国农业科学院，2008.

[48] 罗春明.我国出入境检验检疫制度研究 [D].安徽大学，2006.

[49] 罗莉.民族地区农业政策调整与WTO中"绿箱""黄箱"条款 [J].西南民族

大学学报（人文社科版），2006（5）：19－23.

［50］苗齐，钟甫宁．我国粮食储备规模的变动及其对供应和价格的影响［J］．农业经济问题，2006：9－14.

［51］钱加荣，赵芝俊．现行模式下我国农业补贴政策的作用机制及其对粮食生产的影响［J］．农业技术经济，2015（10）：41－47.

［52］钱克明．中国"绿箱"政策的支持结构与效率［A］．论提高农产品国际竞争力学术研讨会论文［C］．2002：41－45.

［53］任正晓．认真贯彻国家粮食安全战略　全面深化粮食流通领域改革　扎实推进2014年粮食流通工作［J］．中国经贸导刊，2014（9）：8－10.

［54］尚强民．如何看待中国粮食进口量超亿吨［J］．中国粮食经济，2015（3）：32－35.

［55］谭砚文，杨重玉，陈丁薇等．中国粮食市场调控政策的实施绩效与评价［J］．农业经济问题，2014，35（5）：87－98.

［56］吴建寨，李志强，王东杰．中国粮食生产政策体系现状及完善建议［J］．农业展望，2013（2）：33－37.

［57］吴海盛．农村老年人农业劳动参与的影响因素——基于江苏的实证研究［J］．农业经济问题，2008（5）：96－102.

［58］王向阳．我国农产品差价补贴试点政策评析［J］．经济研究参考，2014（12）：5－9.

［59］王彦方．国家粮食储备体系优化的理论及政策研究［D］．西南财经大学，2012.

［60］王晓潺．中国粮食储备制度研究［D］．首都经济贸易大学，2011.

［61］王淑艳．我国粮食价格波动因素分析与预测研究［D］．东北农业大学，2013.

［62］王欧，杨进．农业补贴对中国农户粮食生产的影响［J］．中国农村经济，2014（5）：20－28.

［63］武舜臣，周洲，曹宝明．生产区位变迁、耕地资源依赖与区域粮食安全——以江苏为例［J］．农业现代化研究，2016，37（6）：1061－1067.

［64］李琴，孙继增．粮食工作发展与改革的历程和经验——纪念新中国成立60周年［J］．中国粮食经济，2009（10）：9－12.

［65］李莎莎，朱一鸣．我国农资综合补贴政策分析［J］．农业经济，2016（3）：107－108.

［66］孙树垒．我国特许经营双方道德风险：现状、理论及实证分析［J］．产业经济

研究，2008（2）：42-48.

［67］万骏. WTO 农业补贴"蓝箱"规则的改革和中国对策研究［D］. 华东政法大学，2015：26-29.

［68］汪明珠，刘庆林. 我国农产品市场准入政策的保护水平及国际比较［J］. 山东社会科学，2014（5）：125-130.

［69］王丹莉. 统购统销研究述评［J］. 当代中国史研究，2008（1）：50-58.

［70］王德文. 中国粮食双轨制度的政治经济学分析［D］. 南京农业大学，2000.

［71］王东辉. 农业谈判——多哈回合的难点和焦点［J］. 世界农业，2007（8）：1-2.

［72］王士海，李先德. 粮食最低收购价政策托市效应研究［J］. 农业技术经济，2012（4）：7-11.

［73］王双进. 我国实施粮食目标价格制度探究［J］. 价格理论与实践，2014（8）：14-16.

［74］王新，马文波. 加大信贷扶持力度　促进农产品出口［J］. 国际经济合作，2008（5）：90-94.

［75］魏茂青. 福建省农资综合补贴政策实施效果研究［D］. 福建农林大学，2013.

［76］武拉平，程杰，杨欣. "蓝箱"政策改革对国内支持的潜在影响：中国及 WTO 其他主要成员国的对比［J］. 世界经济，2007（8）：36-45.

［77］徐娜，张莉琴. 劳动力老龄化对我国农业生产效率的影响［J］. 中国农业大学学报，2014，19（4）：227-233.

［78］徐振宇，李朝鲜，李陈华. 中国粮食价格形成机制逆市场化的逻辑：观念的局限与体制的制约［J］. 北京工商大学学报（社会科学版），2016，31（4）：24-32.

［79］徐界华. 中国粮食政策对粮食生产影响的研究［D］. 山东理工大学，2010.

［80］李琴，宋月萍. 劳动力流动对农村老年人农业劳动时间的影响以及地区差异［J］. 中国农村经济，2009（5）：52-60.

［81］燕丽慧. 我国农产品出口退税政策调整及影响研究［D］. 湖南农业大学，2011：20-23.

［82］杨红旗，汪秀锋，孙福海，张玉乐. 我国农作物良种补贴的实践与思考［J］. 中国种业，2009（10）：11-13.

［83］杨乙丹. 粮食统购统销制度研究［D］. 西北农林科技大学，2006.

［84］袁平. 国际粮食市场演变趋势及其对中国粮食进出口政策选择的启示［J］. 南京农业大学学报（社会科学版），2013（1）：47-55.

［85］杨羽宇. 我国粮食储备管理制度建设研究［D］. 西南财经大学，2014.

［86］尹义坤．中国粮食产业政策研究［D］．东北农业大学，2010.

［87］颜加勇．国家储备粮保障体系建设研究［D］．南京农业大学，2006.

［88］赵予新，钟雪莲．多功能农业补贴政策体系构建［J］．中州大学学报，2009，26（6）：13－15.

［89］张晓涛，王扬．大国粮食问题：中国粮食政策演变与食品安全监管［M］．北京：经济管理出版社，2009.

［90］詹琳，蒋和平．粮食目标价格制度改革的困局与突破［J］．农业经济问题，2015（2）：14－20.

［91］中华人民共和国农业部计划司．中国农村经济统计大全［M］．北京：农业出版社，1989.

［92］张培刚，廖丹清．二十世纪中国粮食经济［M］．武汉：华中科技大学出版社，2002.

［93］张红玉．我国粮食补贴政策研究［M］．北京：立信会计出版社，2010.

［94］张雷宝．粮食流通体制改革与中国期货市场发展［J］．中国农村经济，2002（9）：43－52.

［95］张冬平，郭震，边英涛．农户对良种补贴政策满意度影响因素分析——基于河南省439个农户调查［J］．农业技术经济，2011（3）：104－111.

［96］张江松．WTO框架下农产品出口信贷制度研究［D］．郑州大学，2012.

［97］张涛．农产品市场准入研究——基于WTO体系下［D］．郑州大学，2010.

［98］张学兵．统购统销制度正负效应的辩证思考［J］．党史研究与教学，2005（5）：20－26.

［99］赵德余．价格双轨制的制度特征及其社会福利效应——20世纪80年代初到90年代末粮食市场化的新古典主义逻辑［A］．2008年度上海市社会科学界第六届学术年会文集（经济·管理学科卷）［C］．2008：510－516.

［100］赵银．中国的粮食安全的现状及对策思考［J］．湘潮（下半月），2012（12）：19－21.

［101］邹利．我国进出口许可证管理改进研究［D］．大连理工大学，2010.

后　记

　　本书作为南京财经大学粮食经济研究院的年度报告,依托于江苏省高校哲学社会科学重点研究基地——南京财经大学粮食安全与战略研究中心和江苏省高校协同创新中心——现代粮食流通与安全协同创新中心共同完成。

　　本书是粮食公益性行业科研专项、国家自然科学基金、国家社会科学基金、现代粮食流通与科技协同创新中心、江苏高校优势学科、江苏省重点学科的重大项目成果。

　　本书由南京财经大学粮食经济研究院院长曹宝明负责框架设计与统稿,各章的执笔人如下:曹宝明、李丰、吴闻潭(第一章),蔡荣(第二章),易小兰(第三章),李光泗(第四章),赵霞(第五章),王舒娟(第六章),郭晓东、李宁(附录),南京财经大学研究生武舜臣、顾智鹏、吴闻潭、胡舟等对国内外数据的收集和整理作出了积极贡献。李光泗协助进行了全书的修改和定稿。

　　在本书的筹划、研究、写作和出版过程中,南京财经大学党委书记陈章龙、校长宋学锋、副校长鞠兴荣都给予了热情支持。在本书项目的研究过程中,曹宝明作为项目负责人多次召集座谈会,有关专家学者提出了宝贵意见。同时,南京财经大学粮食经济研究院的有关老师对本书的研究与著述都作出了积极贡献,再次一并致谢!